湖南理工职业技术学院教材出版基金资助　　　中经"精品课程"系列

网店运营

主　编：陈　芳　高浩楠　鲁　柠
副主编：罗美霞　王秀娟　苑彩玲
编　者：谭　富　赵　斌

中国经济出版社　中国石化出版社

·北京·

图书在版编目（CIP）数据

网店运营 / 陈芳，高浩楠，鲁柠主编. -- 北京：中国经济出版社：中国石化出版社，2025.6. -- ISBN 978-7-5136-8222-0

Ⅰ. F713.365.2

中国国家版本馆CIP数据核字第2025RG7734号

选题策划	雷　生
责任编辑	罗　茜
责任印制	李　伟
封面设计	任燕飞

出版发行	中国经济出版社
印 刷 者	宝蕾元仁浩（天津）印刷有限公司
经 销 者	各地新华书店
开　　本	787mm×1092mm　1/16
印　　张	11.75
字　　数	299千字
版　　次	2025年6月第1版
印　　次	2025年6月第1次
定　　价	49.00元
广告经营许可证	京西工商广字第8179号

中国经济出版社 网址 http://epc.sinopec.com/epc/ 社址 北京市东城区安定门外大街58号 邮编 100011
本版图书如存在印装质量问题，请与本社销售中心联系调换（联系电话：010-57512564）

版权所有　盗版必究（举报电话：010-57512600）
国家版权局反盗版举报中心（举报电话：12390）　服务热线：010-57512564

PREFACE 前言

随着数字经济与实体经济的深度融合,电子商务已成为推动产业升级、促进就业创业的重要引擎。在"人人可开店,万物皆可播"的时代背景下,网店运营能力不仅是电子商务从业者的核心素养,更成为数字经济时代青年职业发展的必备技能。

本书立足职业教育"岗课赛证"融通的核心理念,以"实用、易学、可迁移"为编写原则,系统构建从网店基础操作到运营策略优化的知识体系。书中内容紧密对接《网店运营推广》《电子商务数据分析》等"1+X"职业技能等级标准,融入真实企业项目案例与全国职业院校技能大赛电商赛项实战经验,力求帮助学生掌握网店运营岗位的核心能力。

一、内容特色

1. 任务驱动,工学结合

全书深度践行创新创业教育,以真实网店创设、真实商品推广为支撑,将教材内容重构为网店创设、商品推广、店铺管理3个模块。通过"情境导入—任务拆解—知识解析—实操演练—评价反馈"的学习闭环,模拟真实工作场景,强化动手能力。

2. 案例鲜活,数据赋能

本书精选店铺运营实际案例,配套展示店铺运营数据分析路径、行业分析报告模板、关键词优化工具表等数字化资源。教材学习任务以网店运营任务为驱动,以网店运营助理岗位技能为主线,依据导、学、练、展、评的学习流程,引导学生逐步创建网店、推广产品,使学习在实际商战中接受市场检验,实现"实岗、实店、实战、实效"。

3. 岗课融通,赛教互促

每个项目设置技能任务,梳理网店运营推广职业技能等级证书考核要点,还原电商技能大赛中的商品上架、店铺装修、运营推广等典型任务,助力学生实现"课堂学习—技能认证—竞赛实训—岗位胜任"的阶梯式成长。

二、教学建议

1. 基础教学

建议结合院校电商实训平台，按照"周实训任务+学期综合项目"节奏推进，重点掌握千牛工作台、生意参谋等工具的操作规范，完成店铺筹建、商品推广的基本过程。

2. 进阶提升

可联动校企合作项目，开展"校园电商创业孵化""乡村振兴助农直播"等实战，培养全渠道运营思维。扫描封面二维码获取配套微课视频、政策法规更新库以及行业"大咖"访谈录，构建动态知识体系。

在编写过程中，我们深度调研了50余家电商企业的用人需求，走访了20余所高职院校的师生团队。希望这本教材能成为同学们打开电商世界大门的钥匙。当你们在店铺运营过程中反复调试详情页提升商品转化率时，在深夜讨论内容推广的广告文案时，在数据分析报告中捕捉到第一个流量增长点时，那些看似枯燥的点击率、转化率、客单价数字，终将编织成你们在数字经济浪潮中破浪前行的风帆。

编者

2025年3月

CONTENTS 目录

项目一　网店创设　001

任务1　网店创设之市场分析 …………………………………………… 001
任务2　网店创设之商品选品 …………………………………………… 008
任务3　网店创设之商品定价 …………………………………………… 013
任务4　网店创设之市场定位 …………………………………………… 016

项目二　商品发布　026

任务1　商品发布之标题撰写 …………………………………………… 026
任务2　商品发布之卖点提炼 …………………………………………… 033
任务3　商品发布之详情设计 …………………………………………… 038
任务4　网店创设之商品发布 …………………………………………… 047

项目三　网店装修　053

任务1　网店装修之店铺设计 …………………………………………… 053
任务2　网店装修之页面制作 …………………………………………… 061

项目四　站内推广　067

任务1　站内推广之策划 ………………………………………………… 067
任务2　站内推广之搜索推广 …………………………………………… 072
任务3　站内推广之关键词推广 ………………………………………… 076
任务4　站内推广之精准人群推广 ……………………………………… 080
任务5　站内推广之淘宝客推广 ………………………………………… 087

项目五　站外推广　096

任务 1　站外推广之内容策划 …………………………………… 096
任务 2　站外推广之软文创意 …………………………………… 102
任务 3　站外推广之短视频制作 ………………………………… 109
任务 4　站外推广之内容投放 …………………………………… 113

项目六　活动推广　120

任务 1　活动推广之自主营销 …………………………………… 120
任务 2　活动推广之直播推广 …………………………………… 126
任务 3　活动推广之大促推广 …………………………………… 130
任务 4　活动推广之淘金币活动 ………………………………… 135
任务 5　活动推广之促销优化 …………………………………… 139

项目七　店铺管理　145

任务 1　店铺管理之财务管理 …………………………………… 145
任务 2　店铺管理之物流管理 …………………………………… 151
任务 3　店铺管理之客户管理 …………………………………… 156

项目八　经营优化　164

任务 1　经营优化之包装优化 …………………………………… 164
任务 2　经营优化之转化优化 …………………………………… 169
任务 3　经营优化之运营复盘 …………………………………… 173
任务 4　经营优化之运营汇报 …………………………………… 178

项目一
网店创设

项目目标

1. 熟悉不同网店平台特性，能依据平台数据分析具体行业市场需求。
2. 能根据市场调查情况筛选商品。
3. 熟悉商品定价技巧，能根据商品特性和市场情况确定商品价格。
4. 能依据目标用户画像分析，确定店铺风格定位，设计店名、店标，注册网店。

任务 1　网店创设之市场分析

目标要求

知识目标	1. 了解自我潜能分析方法和网店不同岗位的职责。 2. 掌握行业市场分析的主要指标。
技能目标	1. 会分析自我的潜能以及适合自己的网店岗位。 2. 能根据行业分析指标分析商品行业热度。
素养目标	1. 培养学生开展详细调查与分析的能力，培养学生实事求是、一切从实际出发的职业素养。 2. 培养人际沟通能力，学会小组讨论协作与分工。 3. 激发自我潜能，培养创新创业意识。
思政目标	1. 培养学生帮助家乡、助力农民的爱国情怀。 2. 培养学生反复思辨、求真求实的精神。

任务内容

本学期我们即将帮助合作农社创设网店推广商品，本次课的主要任务是组建团队，并对即将推广的商品市场进行调查分析。

任务辅助资源

百度指数、百度统计、百度移动统计、百度风云榜、百度预测、百度问卷、问卷星、腾讯问卷、问卷网、艾瑞调研、友盟、阿里指数、阿里巴巴（1688.com）、天猫供销平台（gongxiao.tmall.com/）。

先导任务

阅读网店创业实例，分析创业者创业成功的原因。

文科状元回乡卖茶创业案例

在繁华的都市背后，隐藏着无数回乡创业的故事。其中，文科状元小江的卖茶创业之路，尤为引人注目。小江自幼聪颖过人，凭借对文学的热爱与天赋，在高中时期便崭露头角，最终在高考中一举夺魁，成为当地的文科状元。然而，毕业后，面对众多选择，小江做出了一个出人意料的决定——回乡创业。

小江的家乡位于一片青山绿水之间，茶叶是当地的特产。然而，由于受传统销售模式的限制，优质的茶叶往往难以走出大山，被更多人知晓。小江看到了这一商机，决定利用自己的知识和能力，为家乡的茶叶打开一片新天地。

创业之初，小江面临着资金短缺、市场陌生等诸多困难，但他没有退缩，而是积极寻求解决方案。他深入调研市场需求，了解消费者的喜好和购买习惯；同时，他不断学习茶叶知识，提升自己的专业素养。

在小江的努力下，他的茶叶品牌逐渐在市场上崭露头角。他注重产品的品质与包装，将传统工艺与现代设计相结合，打造出独具特色的粽茶产品。此外，他还积极利用互联网平台进行宣传推广，吸引更多消费者的关注。

小江的成功并非偶然，他的坚定信念、创新思维和不懈努力是他走向成功的关键。他的故事告诉我们，回乡创业同样可以闯出一片天地，实现个人价值与社会价值。小江的卖茶创业之路，不仅为家乡带来了经济效益，更为传统产业的转型升级提供了有益启示。他的故事将激励更多有梦想、有才华的年轻人，勇敢追求自己的梦想，为家乡发展贡献自己的力量。

市场分析是指为了一定的商业目的，通过科学方法，对市场的规模、结构、周期以及消费者进行经济分析的行为。

市场分析需要围绕商业目的，有的放矢；要运用科学的数据统计分析方法。市场分析的主要分析指标：市场容量、市场需求、竞争对手客单价、竞争对手店铺风格、竞争对手市场容量。

一、团队创建

1. 网店不同岗位职责

网店的不同岗位都有各自的岗位职责与作用。

（1）店长。店长的任务是掌控整个网店，制定网店的战略，监督各个岗位的工作，确保网店能够顺利运行，确定网店每个岗位的工作内容。

（2）运营岗位。运营人员负责店铺的推广策略制定与实施，通过各种技巧和策略吸引顾客，提升网店的流量和销量。

（3）客服岗位。客服人员需要热情、耐心地解答顾客的问题，处理顾客的投诉，让顾客感受到网店的温暖和关怀，为顾客解决购物过程中的困难。

（4）美工岗位。美工人员需要创意和灵感，设计出吸引人的网页、商品图片等，让网店看起来更加美观和专业。

除以上岗位外，还有仓储、物流、财务等岗位，所有岗位分工合作，让整个网店能够稳定、高效地运行。

2. 团队分工

（1）运用思维导图，思考自己的性格、特长、爱好和职业规划，自我更适合哪项工作或者什么岗位。小组开展头脑风暴，讨论团队成员的性格特点、兴趣特长等优劣势，确定本小组职责分工。

（2）讨论团队队名及愿景并记录结果，在学习通平台完成团队创建。

表 1.1　团队分工

团队名称	
团队愿景	
团队分工	运营：
	美工：
	店长：
	客服：

二、商品品类分析

1. 商品品类

品类是消费者认为相关且可以相互替代的一组特殊商品或服务。商品品类，是指网店销售的商品类型及其细分。在进行品类分析时，首先需要对网店的商品进行整体梳理，明确各品类的特点和定位。通常，商品品类可以根据行业、功能、材质等多种维度进行划分。

市场需求是商品品类分析的核心。通过对目标市场的调研，了解消费者的购买习惯、偏好和需求变化，有助于网店精准定位商品品类。同时，关注竞争对手的商品品类和营销策略，可以帮助网店发现市场空白和潜在机会。

销售数据是反映商品品类市场表现的重要依据。通过对销售数据的分析，可以了解各品类的销售额、销量、转化率等指标，从而评估品类的市场表现和潜力。此外，还可以通过数据分析找出品类中的畅销品和滞销品，为库存管理和产品优化提供依据。

基于市场需求和销售数据分析，网店可以制定相应的品类优化策略。一方面，可以通过拓展热门品类、调整产品结构、优化价格策略等方式提升销售业绩；另一方面，针对滞销品类，可以通过改进商品质量、提升品牌形象、加大营销推广力度等方式改善市场表现。商品品类分析是一项至关重要的工作。通过对商品品类的深入研究和分析，网店能够更准确地把握市场需求，优化产品结构，提升销售业绩。

商品品类分析是网店运营中的重要环节。通过深入分析市场需求、销售数据和未来趋势，网店能够制定更加精准的商品策略，提升市场竞争力，实现可持续发展。

2. 不同平台商品品类分类

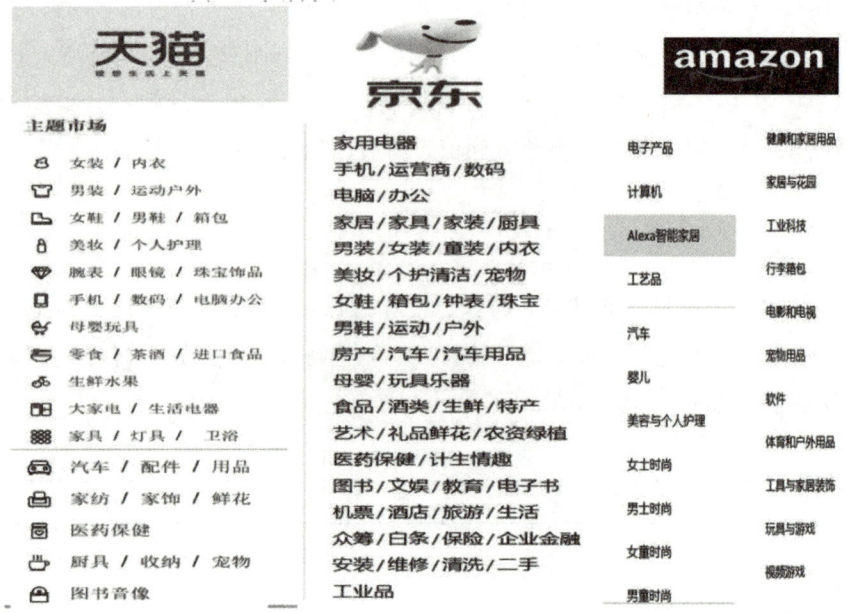

图1.1　不同购物平台商品品类分类

3. 品类结构分析

首先应确定大类，如商品选择淘宝平台生鲜水果大类；其次应考虑商品的广度和深度。广度是指店铺的商品大类总数。商品大类也称"商品系列"，是指一组密切相关的商品项目。深度是指商品线中每一商品有多少品种或型号。小组分工合作，确定网店将要经营商品的品类大类。

表1.2　商品类目

品类分类	品类名称
一级类目	
二级类目	
三级类目	

三、市场容量分析

在网店运营中，市场容量分析是至关重要的一环。它能够帮助经营者了解市场的规模、需求和竞争态势，从而制定更加精准和有效的运营策略。

1. 市场容量

市场容量即市场规模，主要是研究目标商品或行业的整体规模，即一定时间内，一个（类）商品或服务在某个范围内的市场销售额。对于网店而言，了解市场容量有助于经营者判断市场的潜力和发展空间，进而确定自身的市场定位和竞争策略。通过市场容量分析，网店可以更有针对性地制定销售目标、调整价格策略、优化商品组合，从而提升销售业绩和市场份额。

2. 市场容量评估方法

（1）市场规模估算：通过收集和分析行业报告、市场研究数据等信息，了解整个市场的规模和增长趋势。这些数据可以来自政府机构、行业协会、市场研究公司等权威渠道。

（2）潜在需求分析：通过对目标消费者群体进行调研和分析，了解他们的购买意愿、消费习惯和需求特点。这可以通过问卷调查、访谈、在线数据分析等方式进行。

（3）竞争态势分析：通过分析竞争对手的市场份额、产品特点、价格策略等，评估自身在市场中的竞争地位。这有助于网店了解市场竞争的激烈程度，以及制定差异化的竞争策略。

3. 市场容量分析作用

（1）制定市场策略：根据市场容量分析的结果，网店可以制定适合自身的市场进入策略、扩张策略或防守策略。例如，在规模较大的市场中，网店可以考虑加大投入、扩大产品线；而在竞争激烈的市场中，网店则可以注重提升商品品质和服务水平，以赢得消费者的青睐。

（2）优化商品组合：通过了解市场需求和竞争态势，网店可以调整商品组合，推出更符合消费者需求的商品。例如，针对特定消费者群体推出定制化商品，或者针对市场热点推出新品，以满足消费者的个性化需求。

（3）制定价格策略：市场容量分析可以帮助网店了解消费者的价格敏感度和竞争对手的定价策略，从而制定更具竞争力的价格策略。例如，在市场规模较大但竞争激烈的市场中，网店可以采取薄利多销的策略，通过降低价格吸引更多消费者；而在市场规模较小但消费者支付能力较强的市场中，网店则可以采取高价策略，提升商品附加值和品牌形象。

4. 网店市场容量分析

网店市场分析资料查找具体步骤，以梨膏糖产品为例（见图1.2）。

（1）平台首页搜索栏输入大词。

（2）搜索结果页面按销量排序。

（3）搜索结果商品销售额累加。

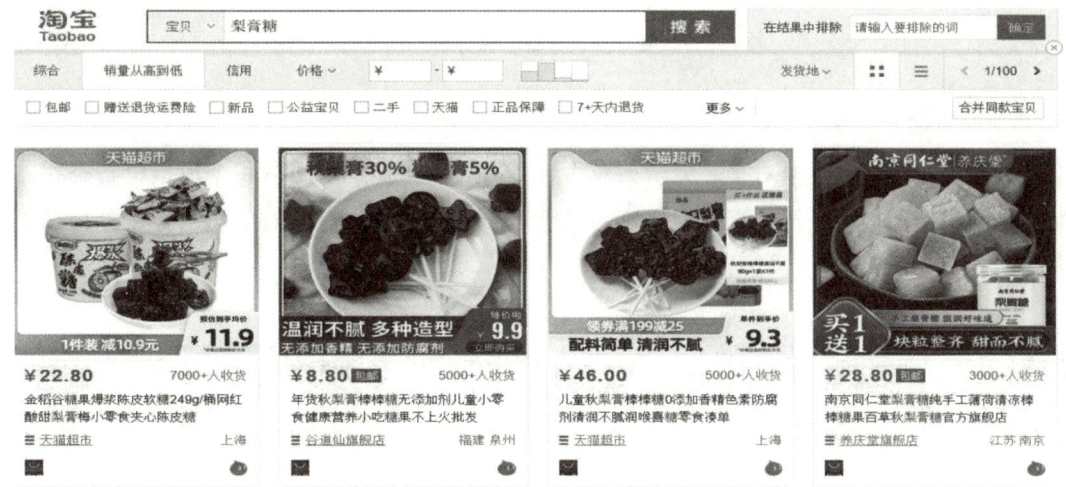

图1.2　梨膏糖搜索结果

表 1.3　商品市场分析

分析指标	商品市场分析
市场容量（淘宝平台 30 天）	

四、竞争对手分析

1. 竞争分析

竞争分析是指企业通过科学的统计和分析方法，确认目标竞争对手，分析竞争对手的数据，并对他们的发展目标、拥有的资源、自身的能力和当前的战略等要素进行评价，从而决定自身的战略。

2. 竞争分析步骤

（1）锁定竞争对手——以"田忌赛马"的思维方式思考，找到实力相当的对手，上中等马降维打击，下等马飞速成长。

（2）分析竞争对手——从店铺类型、所在地、星级、关键词、销量、推广活动、详情页、评价等细节分析竞争对手。可以借助第三方工具"看店宝"统计竞争对手，如图 1.3 所示。

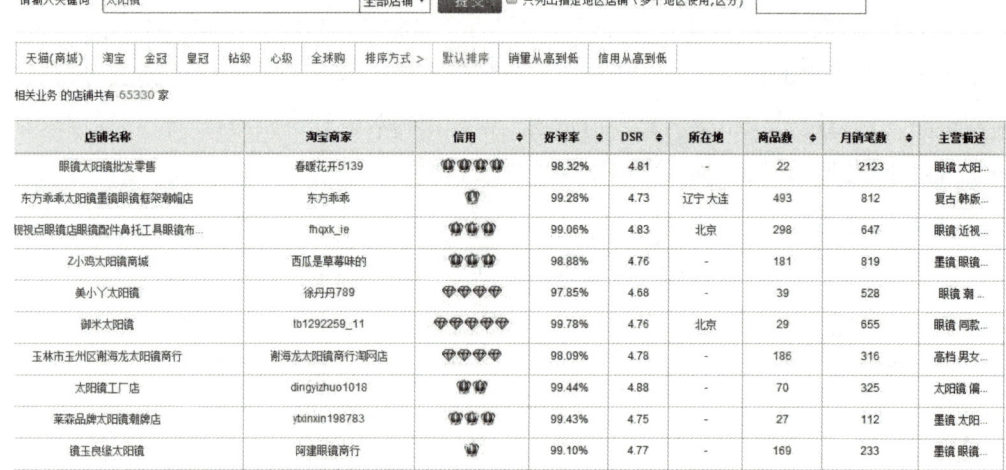

图 1.3　竞争店铺分析

3. 竞争店铺分析

小组分工合作，锁定竞争对手，分析该对手与自己店铺的差距。团队每个成员负责查找一个与自己品类相同的店铺资料，组长汇总组员资料后组织组员讨论确定竞争对手店铺，将分析结果记录到下表。

表 1.4　竞争店铺调查

店铺名称	信用	好评率	DSR	所在地	商品数	月销量	主营概述

五、行业分析

1. 商品生命周期分析

商品生命周期是指商品从进入市场到退出市场的整个过程，通常包括导入期、成长期、成熟期和衰退期 4 个阶段。每个阶段商品的市场表现、消费者需求、竞争态势等都有所不同，因此需要制定不同的运营策略。

（1）导入期：商品刚刚进入市场，知名度较低，销量有限。此时，网店需要投入大量资源进行市场推广和品牌建设，提升消费者对商品的认知度和接受度。

（2）成长期：商品销量逐渐增长，市场份额扩大。此时，网店需要扩大规模，提升商品质量和服务水平，以满足市场需求。同时，网店需要关注竞争对手的动态，制定差异化竞争策略。

（3）成熟期：商品销量趋于稳定，市场份额基本饱和。此时，网店需要注重维护现有客户，提升客户满意度和忠诚度。同时，网店可以通过商品创新、拓展新市场等方式寻求新的增长点。

（4）衰退期：商品销量开始下降，市场需求减少。此时，网店需要考虑商品的更新换代或退出市场，避免库存积压和资金浪费。

网店需要根据商品生命周期的不同阶段，制定相应的市场策略。例如，在导入期加大市场推广力度，提高产品知名度；在成长期扩大规模，提升市场份额；在成熟期注重客户维护和商品创新；在衰退期考虑商品更新或退出市场。

商品生命周期受市场变化、消费者需求、技术进步等多种因素影响，因此需要密切关注市场动态，及时调整策略。

2. 行业集中度分析

行业集中度分析是指对整个行业的市场结构集中程度的测量，用于衡量企业的数目和相对规模的差异，是市场势力的重要量化指标。

行业集中度又称"行业集中率"或"市场集中度"，是指某行业的相关市场内前 N 家企业所占市场份额（产值、产量、销售额、销售量、职工人数、资产总额等）的总和。

行业集中度计算公式为：行业集中度（CRN）= 该行业前 N 家企业的相关指标（销售额、增加值、职工人数、资产总额等）÷ 该行业全部企业相同指标之和 × 100%。分析行业竞争程度可以采用行业集中度指数，又叫 CRN 指数，是指在某一类目的市场内，前 N 家排名靠前的品牌或者店铺（成交销量、成交笔数、流量等份额）的总和占整个市场容量的大小。行业集中度高说明头部卖家集中度高，行业难以进入。

3. 行业分析

小组分工合作，分析商品处于哪个生命周期，查找本店铺商品的卖家数量以及销量前十卖家的销售额，计算行业集中度。

表 1.5　行业市场分析

分析指标	商品市场分析
市场容量（淘宝平台 30 天）	
卖家数量	

续表

分析指标	商品市场分析
销量前十卖家占比	
商品生命周期	

六、任务评价

（1）将小组的市场分析上传学习平台，并围观其他组的方案，依据评价标准打分。

（2）获取本小组课堂积分排名情况，并反思学习掌握程度。

（3）听取老师讲解，思考本小组存在的问题。

表1.6　任务评价

指标	标准	分值
市场分析	简明扼要，市场分析能有效概括行业市场发展现状及趋势	20分
	数据完整，市场分析科学、客观，数据详尽，来源真实有效	20分
自我发现	求真务实，能打破思维定式，挖掘自我的技能、特长和潜能	20分
创新创意	新颖独特，网店创业项目创意独特新颖，创新力度大	20分
团队合作	分工合作，团队成员知识、能力、性格互补，职能岗位分工明确	20分

任务2　网店创设之商品选品

目标要求

知识目标	1. 了解商品款型分类。 2. 理解网店商品不同分类款型的特征及作用。 3. 掌握商品选品原则与方法。
技能目标	1. 会分析所售商品的基本属性和特点。 2. 能将店铺商品进行分类，确定店铺的引流款、利润款和形象款。 3. 能根据商品选品原则和方法选出本店铺主推商品并说明理由。
素养目标	1. 培养学生开展详细调查与分析的能力，培养学生实事求是、一切从实际出发的职业素养。 2. 培养人际沟通能力，学会小组讨论协作与分工。

任务内容

助农线上店铺即将开通，各小组需要在调查市场需求情况和产品生产供给的基础上，为本店铺后期商品上架做准备。本次课的主要任务是在众多商品中选择一款商品作为本店铺的主推商品。

先导任务

阅读选品视频，思考该店铺商品选品有什么特点？

案 例

跨境店铺选品案例：面包烘焙垫的烘焙艺术之旅

在跨境电商的风潮中，烘焙产品逐渐成为热销的选品之一。其中，面包烘焙垫以独特的实用性和创意性，成为跨境店铺的明星产品。下面，我们就来探讨一家跨境店铺如何通过精心选择面包烘焙垫，成功打开国际市场的故事。

这家跨境店铺名为"烘焙时光"，专门经营各类烘焙用品和食材。在选品时，店主独具慧眼，发现了面包烘焙垫的潜力。她认为，随着人们对烘焙的热情不断升温，一款好的烘焙垫不仅能提升烘焙体验，还能让面包更加完美。

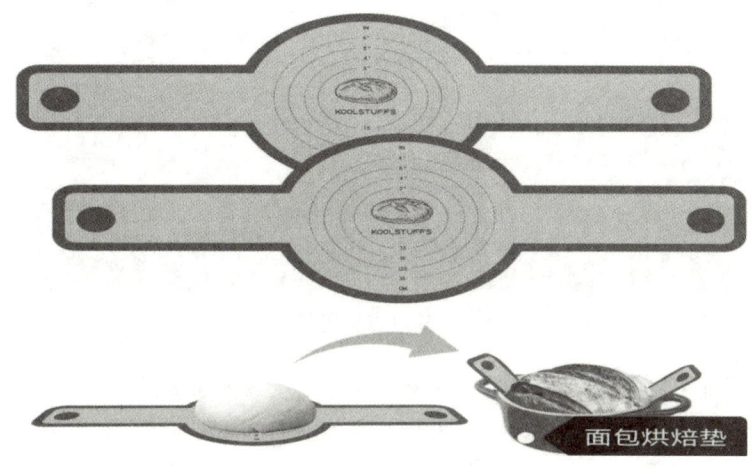

图1.4 面包烘焙垫

在选品过程中，"烘焙时光"注重以下几个关键点。

首先，材质与耐用性。面包烘焙垫的材质直接影响烘焙效果和垫子的使用寿命。因此，"烘焙时光"选择了耐高温、易清洗且耐用的硅胶材质，确保烘焙垫在长时间高温下不变形、不粘连，让面包能够均匀受热，烤出完美的形状和口感。

其次，设计与创意。烘焙垫不仅是烘焙工具，更是展示烘焙艺术的一种方式。因此"烘焙时光"在选品时，注重选择那些设计独特、图案精美的烘焙垫，让消费者在烘焙过程中也能有美的享受。这些烘焙垫上印有各种可爱的图案，如花朵、动物等，让面包在烤制过程中仿佛穿上了美丽的外衣。

最后，尺寸与适用性。不同大小的面包需要不同尺寸的烘焙垫。因此，"烘焙时光"在选品时，提供了多种尺寸的烘焙垫，以满足不同消费者的需求。从小巧玲珑的迷你垫到适合大型面包的大尺寸垫，消费者可以根据自己的需求进行选择。

通过一系列的选品策略，"烘焙时光"成功吸引了大量热爱烘焙的国际消费者。他们纷纷表示，这款面包烘焙垫不仅能让烘焙变得更加简单有趣，还能让面包烤出更加完美的效果。许多消费者还成为店铺的忠实粉丝，经常回购并推荐给亲朋好友。

综上所述，"烘焙时光"这家跨境店铺通过精心选择面包烘焙垫这一实用又有创意的产品，成功打开了国际市场的大门。这一案例告诉我们，在跨境电商领域，选品策略的成功与否直接关系店铺的成败。只有精准把握消费者需求，注重商品的实用性和创意性，才能在激烈的市场竞争中脱颖而出。

一、初步选品

1. 商品分类

在店铺运营中,对商品进行细致的分类不仅有助于提升销售效率,还能更好地满足消费者的多样化需求。一般将商品划分为利润款、形象款、引流款和活动款等。

(1) 利润款:店铺中高品质、具有独特卖点的商品,是店铺的主要盈利来源。在选择利润款商品时,商家需要深入研究市场需求和消费者偏好,确保所选商品既符合市场趋势,又能通过合理的定价策略实现盈利目标。如图1.5所示的桑蚕丝眼罩。

图 1.5 某网店利润款产品

(2) 形象款:店铺中高品质、高单价、小众的商品,更多地承载着提升店铺形象和品牌价值的功能。这类商品往往设计独特、品质卓越,能够吸引消费者的眼球并提升店铺的整体档次。虽然形象款商品的销量可能不如利润款,但它们对于提升店铺口碑和吸引高端客户具有不可替代的作用。

图 1.6 某网店形象款商品

(3) 引流款:又称"爆款",店铺中大众化、性价比高的商品,主要用于吸引新客户,通过低价或优惠活动吸引消费者关注;这类商品无论是价格还是品质,都能让顾客感到物超所值,从而产生购买的冲动。这种高性价比不仅满足了消费者的基本需求,还为他们带来额外的惊喜,提升了购物的满足感。

引流款商品通常具有独特的设计或创新的功能。它们可能是市场上的新颖款式,或者是具有独特卖点的商品,能够引起消费者的好奇心和购买欲望。这种独特性让引流款商品在同类商品中脱颖而出，成为消费者关注的焦点。

图1.7　某网店引流款商品

总的来说，对商品进行细致的分类是店铺运营中的重要环节。通过合理划分利润款、形象款等不同类型的商品，商家可以更好地满足不同消费者的需求，以提升店铺的整体竞争力。同时，商家应根据市场变化和消费者反馈不断调整商品策略，确保店铺能够持续稳健地发展。

2. 店铺选品

小组开展头脑风暴讨论，依据本组成员的兴趣特长，罗列出备选商品并注明入选理由。

表1.7　选品分析

商品名称	商品特征	选择理由	组员意见

3. 商品分析

打开购物平台，查找可能备选商品的价格、销量、用途等，并记录在商品分析表中。

表1.8　商品分析

商品名称	价格	销量	用途

二、选品方法

1. 选品原则

店铺商品成为"爆款"需要具备以下条件：强刚需、微创新、大众化。例如，冰娃雪娃系列手办。

图 1.8　冰娃雪娃手办产品

2. 选品流程

以莲子产品为例，确定店铺主推款的指标：在线商品数、商品展示指数、点击率、转化率等，了解各指标的作用。

确定主推款实操步骤：

（1）在线商品数——打开淘宝，搜索栏搜索产品关键词，搜索商品结果页数乘以每页商品数；

（2）商品展示指数、点击率、转化率——在直通车的流量解析工具中搜索商品关键词即可获得相关数据。

3. 选品实操

（1）根据选品方法和实操步骤，进行小组分工合作，查找所选商品的在线商品数、展示指数等指标，记录在选品分析表。

表 1.9　选品分析

商品名称	在线商品数	展示指数	点击率	转化率

（2）讨论目前所选的几项商品优劣势，确定店铺的主营商品。

表 1.10　商品优劣势分析

网店平台	
网店类型	
主营商品（图片）	
进货渠道	
商品包装	
商品优点	
商品缺点	
商品卖点	

三、成果展示

（1）上台展示、讲解商品选择与商品定位记录，说明小组选择该商品的原因，该商品的优劣势和市场前景。

（2）听取老师讲解优缺点，思考本小组选品存在的问题。

表 1.11 任务评价

指标	标准	分值
市场定位	热销，能根据市场需求选择商品，有市场热度	20 分
	准确，所选商品品类清晰，进货渠道稳定	20 分
自我发现	求实，能打破思维定式，挖掘自我的技能、特长和潜能	20 分
创新创意	独特，网店商品独特新颖，市场机会大	20 分
团队合作	分工，团队成员知识、能力、性格互补，职能岗位分工明确	20 分

任务 3　网店创设之商品定价

目标要求

知识目标	1. 熟悉商品的成本构成。 2. 掌握商品定价的方法和技巧。
技能目标	1. 会分析所售商品的成本构成。 2. 能根据定价方法和技巧确定主推商品价格。
素养目标	1. 培养学生在商品选品过程中开展详细调查与分析的能力，培养学生实事求是、一切从实际出发的职业素养。 2. 引导学生形成对市场需求变化的敏感度以及处变不惊的应变能力。
思政目标	1. 培养学生反复思辨、求真求实的精神和守信守规的道德。 2. 培养学生的创新创业意识，增强学生的市场竞争意识，培养学生树立双赢、共赢的商业思维。

任务内容

助农线上店铺即将开通，各小组需要在调查市场需求情况和商品生产供给的基础上，为本店铺后期商品上架做准备。本次课的主要任务是在上次选品任务的基础上为所选商品定价。

先导任务

阅读定价案例，思考网店商品成本的构成。

标价 599 元的衣服成本是多少

在服装零售市场中，标价与成本之间的关系一直是一个备受关注的话题。以一件标价为 599 元的衣服为例,我们来深入探究其背后的成本构成。

首先,成本不仅是原材料的费用。从原材料的角度来看,这件衣服的成本包括面料费用、辅料(如纽扣、拉链等)费用和标签费用等。面料的成本会受材质、质地、颜色、印花或图案等因素的影响,辅料的成本则与设计和工艺要求有关。一般来说,高质量的面料和辅料价格相对较高,这也是影响最终成本的重要因素。

其次,除了原材料成本,生产过程中的费用也是不可忽视的一部分。这包括工人工资、机器设备折旧、水电费、厂房租金等。特别是,对于一些需要特殊工艺或手工制作的服装,其生产过程中的成本会更高。

再次,销售费用和税费是构成成本的重要组成部分。销售费用包括运输、仓储、市场推广等的费用,而税费则是根据国家相关法规必须缴纳的费用。

最后,商家需要考虑利润空间。为了维持企业的正常运营和持续发展,商家通常会在成本的基础上加上一定的利润率来制定标价。这个利润率会受到市场竞争、品牌定位、消费者接受度等多种因素的影响。

综合以上因素,我们可以看出,一件标价为599元的衣服,其成本是一个复杂且多变的数值。不同品牌、不同材质、不同工艺的衣服,其成本会有很大的差异。因此,我们无法给出一个确切的成本数字,只能说这件衣服的成本是由多个因素共同决定的。

一、成本分析

1. 显性成本和隐性成本的概念

显性成本:计入账内的、看得见的实际支出。例如,进货价格、邮资等。

隐性成本:相对于显性成本来说,有些费用隐蔽性大,难以避免、不易量化,我们把它称为"隐性成本"。

2. 成本构成

结合商品行业数据讲解网店商品成本构成(经验数据)。

表1.12 商品成本构成 单位:%

项目	比例
人工成本	10
包装成本	2
广告成本	27

价格预算公式:店铺产品销售价格预算=产品成本(进货价格)×2.5。

3. 商品成本分析

分析店铺商品显性成本和隐性成本构成。例如,网店老板自己的工资、卖不掉的库存等。小组调查资料,讨论本店铺商品的包装成本、广告成本,确定价格预算,并记录在表中。

表1.13 商品成本分析

项目	金额
包装成本	
采购成本	
物流成本	
推广成本	
合计	

二、价格定位

（1）以衬衫为例确定价格区间定位：打开淘宝网，在搜索条输入反映参考商品特征的关键词"衬衫女长袖"；搜索结果页面出现反映消费者消费习惯的商品价格分布；整理用户喜欢的价位数据；商品价格定位分析结果为 46～118 元是这一类别商品的主流价格区间，那么对于大部分同类衬衫的价格定位区间就是这个区间。

（2）打开购物平台，搜索本店商品关键词，查找产品莲子或梨膏糖价格分布图，并记录淘宝用户同款商品喜欢价位数据。分析本网店商品的用户喜欢价位区间。依据市场数据进行价格定位。

表1.14 价格定位

价格区间	销售占比

三、优化价格

1. 数据收集

根据前面所学的不同款型定价方法进行数据收集与整理，调整本店铺的主推商品价格，并详细记录理由。根据淘宝店铺运营数据调研得出，最能让客户接受的商品价格是 0.618 黄金分割定价法则。其计算公式：最优价格 =（同款商品最高单价 – 同款商品最低单价）×0.618 + 同款商品最低单价。

（1）利润款商品定价：在淘宝网中依据商品征特找同款。按价格排序，查找出有销售的商品最低销售价格和最高销售价格。利用黄金分割定价法计算此款商品价格。

（2）引流款商品定价：引流款商品的价格要低于同行，价格一定要比店铺整体客单价再低两成左右，尤其是参加聚划算的商品，一般这样的商品价格 = 进货价 ×（1.6～1.7）。

（3）组合商品定价方法：网店主要通过关联营销来获取利润，一般会有组合商品推广，商品组合定价是对组合的商品总价有优惠。组合定价的商品应该是同一类别的，但又满足顾客不同需要的商品。

2. 商品定价

根据收集的资料，分组完成商品定价管理任务，研究所提供的商品资料。依次完成商品销售价

 | 网店运营 |

格预算、淘宝用户喜欢价位分布统计表、使用黄金分割定价法计算此款商品价格、组合商品定价等任务。

表 1.15　商品定价

进货渠道	（考虑发货方式、产品质量、供应商资质等）
进货成本	
物流成本	
推广成本	
包装成本	
预期利润	
产品定价	

四、成果展示

上台展示、讲解商品定价表，说明小组制定该商品价格的依据。观摩竞品店铺商品价格，学习和模仿其商品定价的思路。

表 1.16　任务评价

指标	标准	分值
成本分析	详尽，能详尽列举出本店铺商品的成本	20 分
	真实，每个成本计算数据真实准确	20 分
价格定位	准确，能根据市场价格区间数据准确定位本店铺商品价格	20 分
价格优化	竞争，商品价格制定遵循市场规律，有竞争力	20 分
团队合作	分工，团队成员知识、能力、性格互补，职能岗位分工明确	20 分

任务 4　网店创设之市场定位

目标要求

知识目标	1. 用户画像分析概念和方法。 2. 店铺风格定位方法及店名、店招设计原则。 3. 店铺注册的流程。
技能目标	1. 能对目标用户画像进行精准全面的分析。 2. 能依据目标用户画像和店铺风格设计店标与店名。 3. 能熟练在平台完成店铺注册。
素养目标	1. 具备客户信息数据保密意识，尊重公民隐私，遵守职业道德。 2. 引导学生发现自我潜能，激发他们创新、创业热情。 3. 遵守《中华人民共和国电子商务法》等相关法律法规，树立规则意识。
思政目标	1. 培养学生反复思辨、求真求实的精神和守信守规的道德。 2. 培养学生的创新创业意识，增强学生的市场竞争意识，培养学生树立双赢、共赢的商业思维。

任务内容

上次课各小组已经分析了商品市场情况和竞争店铺的基本情况,本次课各小组需要在此基础上对店铺的用户画像进行分析,明确店铺目标人群购买梨膏糖等商品的特征及风格定位,设计店铺店名和店招,完成店铺注册。

先导任务

阅读案例,分析该网店市场定位的方法。

专注健康食品的"绿源康"网店

在电子商务日益繁荣的当下,一家名为"绿源康"的网店凭借精准的市场定位,成功地在健康食品领域脱颖而出,赢得了众多消费者的青睐。

"绿源康"网店的市场定位非常明确:专注于提供高品质、天然健康的食品,满足消费者对健康生活的追求。这一定位不仅符合当前社会健康饮食的潮流,也准确把握了消费者对食品安全和健康的关切。

为了实现这一定位,"绿源康"在多个方面进行了精心策划和实施。首先,在商品选择方面,"绿源康"严格筛选供应商和商品,确保所售食品均来源可靠,且符合健康、天然的标准。店铺主要销售有机蔬菜、全麦食品、无添加零食等健康食品,这些商品不仅营养丰富,而且口感好,深受消费者喜爱。

其次,在营销策略方面,"绿源康"注重通过社交媒体和内容营销传递健康饮食的理念。店铺定期发布关于健康饮食的文章和食谱,帮助消费者了解健康食品的好处和食用方法。同时,"绿源康"积极开展促销活动,如满减、折扣等,吸引更多消费者关注和购买。

此外,"绿源康"还非常注重客户体验。店铺提供详细的商品描述和真实的用户评价,让消费者能够充分了解商品信息。同时,"绿源康"提供快捷的物流配送和完善的售后服务,确保消费者能够有愉快的购物体验。

通过精准的市场定位和一系列有效的营销策略,"绿源康"网店在健康食品领域取得了显著的成绩。越来越多的消费者开始关注并选择"绿源康"的商品,店铺的销售额和口碑也持续提升。

这个案例告诉我们,在竞争激烈的电商市场中,精准的市场定位是成功的关键。只有深入了解消费者需求和市场趋势,才能找到适合自己的发展方向,并在市场中脱颖而出。

一、用户分析

1. 目标用户和用户画像

目标用户就是你的商品要针对的客户群体。

用户画像即用户信息标签化,是指企业通过收集与分析消费者社会属性、生活习惯、消费行为等主要信息的数据之后,完美地抽象出一个用户的商业全貌。

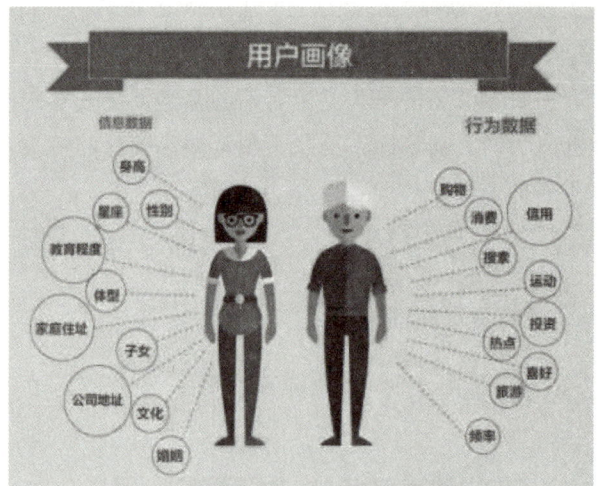

图 1.9 用户画像

2. 用户画像分析

用户画像的焦点工作就是为用户打"标签",标签通常是高度精练的特征标识,如年龄、性别、地域、用户偏好等。

团队运用调研工具收集市场资料,根据自身情况讨论确定网店目标人群,分析目标人群特征、喜好。讨论自己店铺的目标人群,进行用户画像分析。

表 1.17 用户画像分析

年龄	
性别	
职业	
生活习惯	
爱好	
消费习惯	
收入水平	
购买动机	

二、店铺定位

1. 店铺定位内容

店铺定位是一个复杂且多维度的过程,它涉及对市场需求、自身优势和目标客户的深入理解。以下是对店铺定位的全面分析。

店铺定位的核心是根据市场需求和自身优势,确定店铺的目标客户、商品特色和竞争策略。这一过程旨在使店铺在激烈的市场竞争中脱颖而出,满足特定消费者的需求。

在目标客户定位方面,店铺需要明确其主要消费群体,包括他们的年龄、性别、收入、喜好和需求等特征。这有助于店铺更准确地把握消费者的心理和行为,从而制定更具针对性的营销策略。通过深入了解目标客户的需求,店铺可以选择合适的商品、价格、促销和服务,以满足客户的期望和需求。

商品特色定位则是确定店铺在市场上的核心竞争力。包括店铺提供的商品或服务的独特优势，如品质、设计、功能或创新等方面。通过形成自己的品牌形象，店铺可以区别于竞争对手，吸引和留住客户。商品特色定位不仅有助于提升店铺的知名度和美誉度，还能增强消费者对店铺的信任度和忠诚度。

竞争策略定位则是确定店铺在市场上的竞争地位和方向。包括如何应对市场变化和竞争压力，以保持或提高店铺的市场份额和利润。通过制订合理的营销计划，店铺可以更好地适应市场环境和客户需求，从而在竞争中保持领先地位。

此外，店铺定位还需要注意与品牌形象、价格定位和促销策略等方面的协调。正确的定位不仅能吸引目标客户，提高成交率，还能帮助店主塑造品牌形象，提升竞争力。同时，店铺定位需要根据市场变化和消费者需求进行不断调整与优化，以确保店铺能够持续稳健地发展。

综上所述，店铺定位是一个综合性的过程，需要综合考虑市场需求、自身优势和目标客户等多个因素。通过合理的定位策略，店铺可以在激烈的市场竞争中脱颖而出，实现可持续发展。

2. 店铺定位实操

小组分工合作根据商品定位、价格定位、人群定位，优化商品定位、价格定位和人群定位资料。小组浏览竞品店铺首页并分析：你认为该店铺风格怎样？这种风格有什么优势？确定网店基本风格。

表1.18　竞品店铺定位分析

竞品店铺	特征
产品定位	
价格定位	
目标人群	
店铺风格	

三、店名和店标

1. 店名

店铺取名的技巧和方法，要求学生根据店铺风格定位为店铺命名。店铺名称基本要求：简洁通俗、独具特色、易于传播。

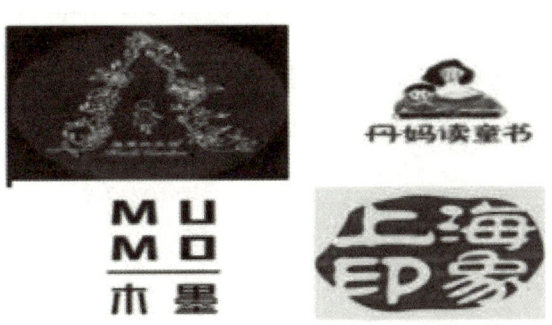

图1.10　店铺名称举例

2. 店标

网店店标是店铺形象的重要组成部分，它不仅是店铺的标识，更是店铺文化和品牌理念的体现。一个优秀的网店店标应该具备独特性、易识别性、美观性和符合品牌形象等特点。

在设计网店店标时，首先，要考虑店铺的定位和目标客户群体。店标的设计应该与店铺的主营业务、产品特点以及品牌形象相符合，以便消费者在看到店标时能够立刻联想到店铺的相关信息。

其次，店标的独特性是非常重要的。在众多的网店中，一个独特的店标能够让店铺脱颖而出，吸引消费者的注意力。设计师可以从店铺的名称、产品特点、品牌理念等方面入手，创造出具有独特性的店标。

再次，店标的易识别性是不可忽视的。店标应该简洁明了，易于消费者识别和记忆。过于复杂或模糊的店标不仅难以让人记住，还可能给消费者留下不专业的印象。

最后，美观性是店标设计中需要考虑的因素之一。美观的店标能够提升店铺的整体形象，吸引更多的消费者关注。设计师可以运用色彩、字体、图形等元素，创造出具有美感的店标。

总之，网店店标是店铺形象的重要组成部分，它应该具备独特性、易识别性、美观性和符合品牌形象等特点。通过精心的设计和制作，一个优秀的网店店标能够为店铺带来更多的关注和收益。

3. 店名和店标设计

根据店铺风格定位为店铺设计店名和店标。店标大小为 120×120 像素。

（1）明确店铺名称。

店铺名称：

（2）设计店标（图片）。

（3）撰写店铺简介（掌柜签名、主营宝贝、店铺动态）。

【掌柜签名】
【主营宝贝】
【店铺动态】

（4）撰写店铺介绍。

四、店铺注册

在淘宝网注册店铺，上传店标，设置店铺公告及介绍等基本资料。

网上开店操作步骤：第一步，注册店铺账号，登录淘宝网首页，点击注册，填写账号，设置密码，设置邮箱等；第二步，支付宝账户绑定，登录邮箱，激活注册账号和在线支付工具账号，进行支付宝实名认证，然后按照提示信息，输入相关信息，上传身份证扫描件等相关信息；第三步，淘宝开店认证，支付宝实名认证成功后，在开店前，还需要进行淘宝的身份认证；第四步，创建店铺，认证通过后，进入淘宝开店页面点击"免费开店"按钮，就可以完善店铺信息，设置店铺内容。

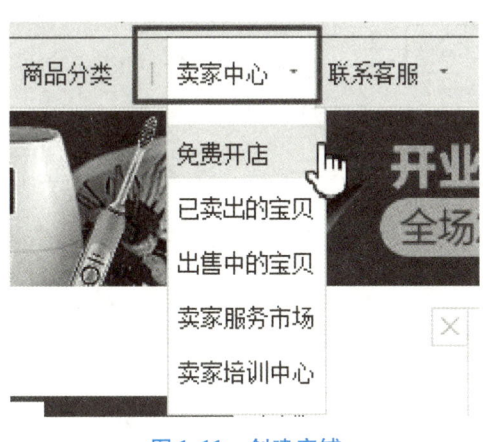

图 1.11　创建店铺

五、成果展示

上台展示、讲解店铺的目标人群画像和店名、店标命名原因，其他小组进行评分。

表 1.19　任务评价

指标	标准	分值
用户分析	全面，用户分析维度全面，包括静态维度和动态维度两个方面	15 分
	准确，用户画像特征清晰准确，用户行为具体	15 分
店标设计	独特，店标体现店铺特色和商品特色	30 分
店铺注册	完成，完成淘宝网店铺注册，并上传店标等基本资料	20 分
团队合作	分工，团队成员知识、能力、性格互补，职能岗位分工明确	20 分

项目一小结

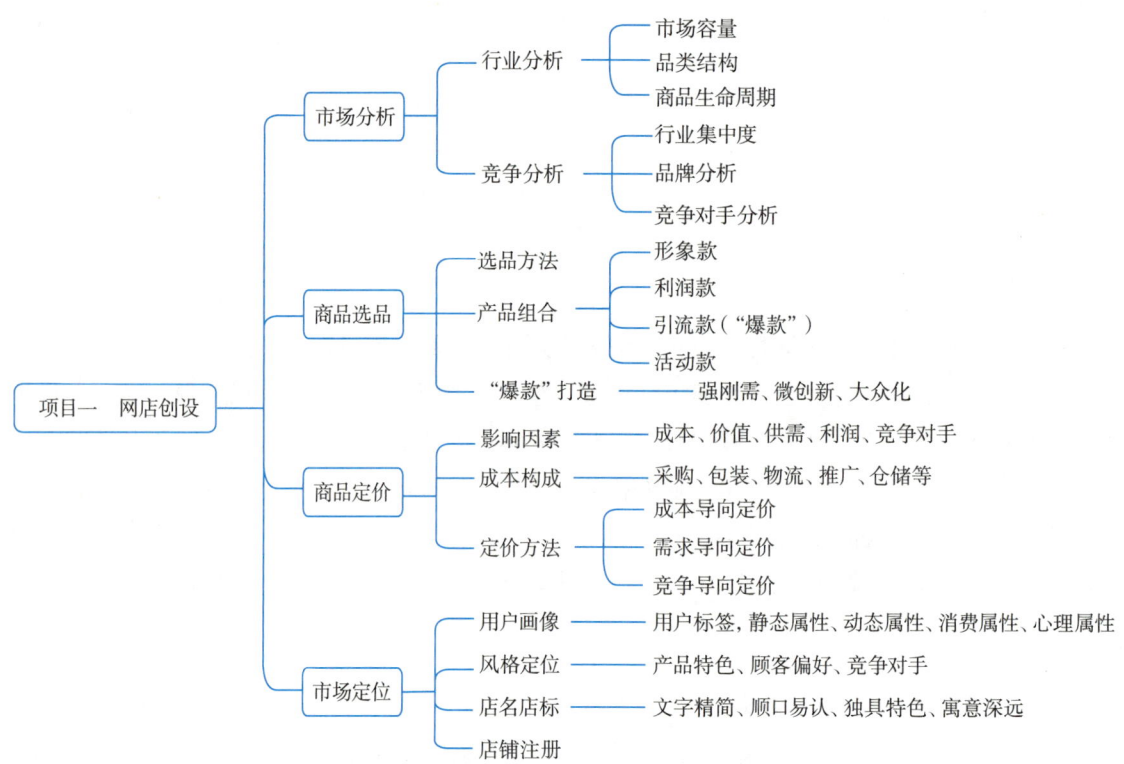

项目一测试

一、单选题

1. 以下不属于网店仓管的岗位职责的是（　　）。
   A. 负责商品进库、出库与发货包装　　　B. 登记商品出库记录
   C. 定期对库房进行盘点　　　　　　　　D. 负责商品的上下架工作

2. 下列选项中属于阿里巴巴批发网站优势的是（　　）。
   A. 商品种类单一　　　　　　　　　　　B. 平台技术欠缺
   C. 服务措施完善，交易过程标准化　　　D. 评价体系不合理

3. 在网店进货过程中，对于同一价格区间的商品，首先考虑的商品因素是（　　）。
   A. 品质　　　　　B. 价格　　　　　C. 售后服务　　　　　D. 运输成本

4. 下列选项中，关于店铺成功的基础前提说法正确的是（　　）。
   A. 商品选择　　　B. 店铺设计　　　C. 营销推广　　　　　D. 服务物流

5. 转化率高，是店铺最大的流量来源商品是指（　　）。
   A. 引流款　　　　B. 利润款　　　　C. 活动款　　　　　　D. 形象款

6. 主要用于树立店铺形象，提升品牌知名度的商品是（　　）。
   A. 引流款　　　　B. 利润款　　　　C. 活动款　　　　　　D. 形象款

7. 入驻天猫店铺时有一些注意事项，下列选项中描述错误的是（   ）。

   A. 选择店铺类型/品牌/类目时，如申请的是专营店，则需要至少提交两个品牌

   B. 如果商家品牌不在招商品牌池内，需要先评估品牌实力，然后审核资质

   C. 天猫店铺品牌资质提交后，如果后期有更改需要，仍然可以更改

   D. 完成锁定保证金、交纳年金操作24小时后，店铺才能发布商品

8. 淘宝会员名注册要求中，以下哪个不正确？（   ）

   A. 会员名由 5～25 个字符组成

   B. 会员名可以使用小写字母、数字、下划线、中文

   C. 会员名不能全是数字

   D. 会员名只能使用字母和数字

9. 店铺基本设置的入口在哪里？（   ）

   A. 交易管理   B. 店铺管理   C. 营销中心   D. 宝贝管理

10. 下面哪个不是淘宝助理具有的功能？（   ）

    A. 批量下载宝贝   B. 图片搬家

    C. 退款   D. 批量上传宝贝

11. 以下哪个不具备入驻天猫商城的资格？（   ）

    A. 品牌商   B. 个体商户   C. 代理商   D. 厂商

12. 《中华人民共和国电子商务法》于 2019 年开始实施，法规要求淘宝店必须办营业执照吗？（   ）

    A. 需要办理，个别情况除外   B. 不需要办理

    C. 是否需要办理取决于经营目   D. 是否需要办理看卖家的个人意愿

13. 在网上开店首先要考虑的是？（   ）

    A. 货源   B. 平台

    C. 建立法律防火墙   D. 产品种类

14. 一个身份证只能创建一个淘宝店铺吗？（   ）

    A. 只能创建一个淘宝店铺   B. 可创建多个淘宝店铺

    C. 可以在不同的平台分别创建店铺   D. 可以同时创建淘宝店和闲鱼

15. 某店铺某月产生购买的客户数量是 1000 人，其中有 50 人产生了重复购买，则该店铺的复购率是（   ）。

    A. 0.05   B. 0.1   C. 0.15   D. 无法计算

16. 网店每一个顾客平均购买商品的金额是（   ）。

    A. 流量   B. 转化率   C. 客单价   D. 复购率

17. 网店中有一种商品存在的主要目的就是展示品牌能力、拉升品牌档次、树立拔高品牌形象，这种商品称为（   ）。

    A. 形象款   B. 利润款   C. 引流款   D. 活动款

18. 网店中以薄利多销甚至以"无利""赠品"作为"卖点"来吸引流量的产品是指（   ）。

    A. 形象款   B. 引流款   C. 利润款   D. 活动款

二、多选题

1. 通常一个店铺中产品可分为哪些类型？（　　）
   A. 引流款　　　　　　B. 利润款　　　　　　C. 活动款　　　　　　D. 形象款
2. 申请淘宝店铺之前需要提前做一些准备工作，以下哪些属于必须准备的材料？（　　）
   A. 身份证　　　　　　B. 手机　　　　　　　C. 银行卡　　　　　　D. 营业执照
3. 支付宝注册的方法有哪些？（　　）
   A. 手机号码注册　　　　　　　　　　　　　B. QQ号码注册
   C. 邮箱注册　　　　　　　　　　　　　　　D. 微信号码注册
4. 网络商品经营者和网络服务经营者向消费者提供商品或者服务，应当遵守的法律包括（　　）。
   A. 《中华人民共和国电子商务法》　　　　　B. 《中华人民共和国消费者权益保护法》
   C. 《中华人民共和国反不正当竞争法》　　　D. 《中华人民共和国产品质量法》
5. 下列商业行为中受《中华人民共和国电子商务法》制约的是（　　）。
   A. 微商　　　　　　　　　　　　　　　　　B. 个人海外代购
   C. 直播卖货　　　　　　　　　　　　　　　D. 金融类产品和服务
6. 优质商品具备的特质包括（　　）。
   A. 真实有效　　　　　　　　　　　　　　　B. 尽量完整
   C. 适当夸张　　　　　　　　　　　　　　　D. 与标题无关
7. 影响转化率的因素主要包括（　　）。
   A. 人群定位　　　　　B. 产品描述　　　　　C. 商品评价　　　　　D. 客户服务
8. 一家网店的销售额取决于以下哪些因素？（　　）
   A. 流量　　　　　　　B. 转化率　　　　　　C. 客单价　　　　　　D. 复购率
9. 转化率的影响因素主要有（　　）。
   A. 人群定位　　　　　B. 产品描述　　　　　C. 商品评价　　　　　D. 客户服务

三、判断题

1. 淘宝会员名在注册后仍然可以修改，卖家在设置会员名称时可以选择与店铺定位相关且通俗易懂的名称，方便记忆。（　　）
2. 开通个人淘宝店铺并不需要开通支付宝认证。（　　）
3. 开通天猫店铺时需要进行资质审核。（　　）
4. 天猫店铺开通后，商家需要在10天内完成锁定/交纳保证金操作。（　　）
5. 天猫店铺注册开通后，商家需要在15天之内完成保证金的交纳，如未按时完成，此次申请将失效。（　　）
6. 《中华人民共和国电子商务法》实施之后，淘宝个人店也要像实体店的个体户一样，办理营业执照。（　　）

四、简答题

1. 电商平台比较：请列出你用过或你知道的电商网站，不少于3个，并说明这个网站的店铺类型、盈利模式、入驻基本要求。请用如下表格方式作答。

电商平台	店铺类型	盈利模式	入驻基本要求

2. 网店商品定价时：

（1）商品的成本包括哪些？

（2）具体有哪几种定价方法？

3. 网店选品时应遵循什么原则？

项目二 商品发布

项目目标

1. 掌握商品卖点提炼的方法和技巧。
2. 掌握商品标题的构成要素及规则。
3. 熟悉常用的商品详情描述的基本结构。
4. 掌握不同品类商品发布的方式。

任务1 商品发布之标题撰写

目标要求

知识目标	1. 了解商品标题的作用和基本构成。 2. 理解商品关键词挖掘与选择的方法。 3. 掌握商品标题撰写的基本公式。
技能目标	1. 会分析商品标题的构成及作用。 2. 能运用相关工具挖掘商品关键词。 3. 能根据商品的属性和特点撰写商品标题。
素养目标	1. 培养学生自主学习能力，学会沟通、协作。 2. 培养学生对市场热点和用户需求的敏感度。
思政目标	1. 遵守《中华人民共和国广告法》要求，培养学生的规则意识。 2. 能养成不断优化精进的工作习惯，培养学生精益求精的工匠精神。

任务内容

助农线上店铺已经完成开通，各小组已根据自身情况完成商品选品工作，确定莲子和秋梨膏为本店铺主推产品，现需要为这两款产品上架做一系列准备工作，本次任务主要是收集与莲子、秋梨膏相关的关键词并撰写商品标题。

任务辅助资源

百度指数、百度统计、百度移动统计、百度风云榜、百度预测、百度问卷、问卷星、腾讯问卷、问卷网、艾瑞调研、友盟、阿里指数、阿里巴巴（1688.com）、天猫供销平台（gongxiao.tmall.com/）。

网店商品标题是商品展示和吸引消费者的关键。一个好的标题应包含商品的核心信息、注重关键词的选择和使用、注意长度和格式，以及与商品图片和详情页内容保持一致。精心设计的标题，可以吸引更多潜在消费者的关注，提高商品的点击率和转化率。

一、挖掘关键词

1. 关键词分类

网店商品关键词在店铺运营中扮演着至关重要的角色，它们不仅能够帮助消费者快速定位所需商品，还影响商品在搜索引擎中的排名。以下是对网店商品关键词的详细分类。

（1）核心词。核心词是对商品最基础、最直接的描述，它直接反映了商品的主要属性和类别。例如，对于一件连衣裙，其核心词就是"连衣裙"。核心词在商品标题中的使用对于提升商品在搜索引擎中的曝光率至关重要。

（2）属性词。属性词用来进一步描述商品的特性，如颜色、尺寸、材质等。以连衣裙为例，属性词可能包括"红色""L码""纯棉"等。这些属性词有助于消费者更精确地找到符合自己需求的商品。

（3）热搜词。热搜词是当前市场上热门的、搜索量大的关键词。它们往往与流行趋势、热门话题或促销活动相关。使用热搜词可以提高商品的搜索量，但需要注意与商品的相关性，避免误导消费者。

（4）长尾词。长尾词是那些相对较长、搜索量较小但更具体的关键词。它们通常由核心词和多个属性词组合而成，用于精准定位目标消费者。长尾词的使用可以提高商品的转化率，因为搜索这些词的消费者往往具有明确的购买意向。

（5）品牌词。品牌词是与商品所属品牌相关的关键词。在商品标题中加入品牌词，可以提升消费者对商品的信任度和购买意愿。同时，品牌词有助于消费者在搜索时快速识别出你的商品。

（6）促销词。促销词主要用来描述商品的优惠信息，如"打折""促销""满减"等。这些词可以吸引对价格敏感的消费者，提高商品的点击率和转化率。

在实际应用中，商家可以根据商品的特点和市场需求，灵活运用各类关键词，制定出有效的商品标题和营销策略。同时，随着市场和消费者需求的变化，商家需要不断调整和优化关键词的使用，以确保商品在竞争中始终保持优势地位。图2.1为三只松鼠标题中的关键词。

练一练：请找出图2.2中标题的各种关键词。

核心词：

属性词：

品牌词：

长尾词：

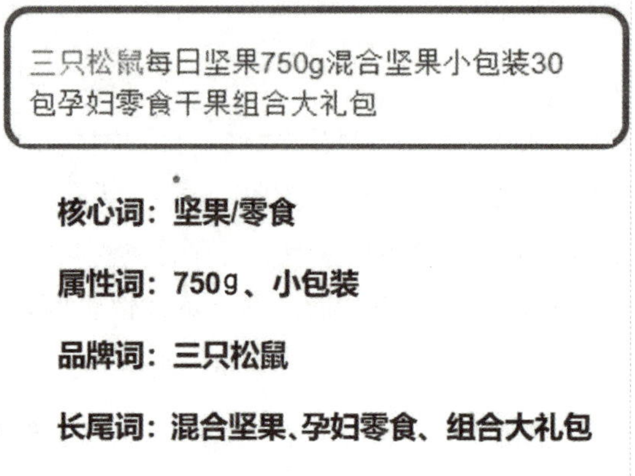

三只松鼠每日坚果750g混合坚果小包装30包孕妇零食干果组合大礼包

核心词：坚果/零食

属性词：750g、小包装

品牌词：三只松鼠

长尾词：混合坚果、孕妇零食、组合大礼包

图 2.1　三只松鼠每日坚果商品标题

Ninebot九号电动自平衡车L6儿童6-12智能腿控双轮平行体感车站骑

图 2.2　某电动平衡车商品标题

2. 查找关键词

商品标题关键词查找方法：淘宝搜索下拉框、淘宝你是不是想找、淘宝生意参谋、阿里指数、直通车推荐、同行热销商品，如图2.3所示。

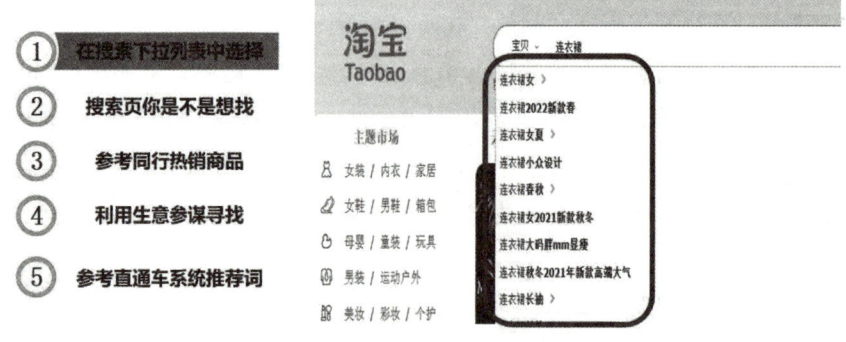

图 2.3　关键词查找方法

运用所学习的关键词查找方法,查找本组商品关键词,填写商品关键词表格(每个产品20个词)。

表 2.1　商品关键词

找词途径	关键词
搜索下拉列表词	
你是不是想找词	
同行热销商品词	
直通车系统推荐词	

二、选择关键词

1. 关键词抓取原理

关键词抓取原理主要涉及爬虫技术、分词处理、建立索引和排名算法等多个环节。

第一,搜索引擎会派出一种被称为"爬虫"或"蜘蛛"的自动化程序,这些程序会根据一定的规则在互联网上扫描和抓取网页信息。"爬虫"会按照特定的算法对网站进行爬取,并将获取到的网页内容存储到搜索引擎的数据库中。

第二,搜索引擎会对抓取到的网页内容进行分词处理。分词是将一段文本切分成一个个单独的词语,以便后续处理。分词系统通常采用基于规则和基于统计两种方法,有效地处理中文等复杂语言的分词问题。

第三,搜索引擎会根据每个单词建立索引。索引是一种数据结构,用于快速查找和定位信息。通过建立索引,搜索引擎可以提高搜索效率和准确性,使用户更快地找到所需信息。

第四,搜索引擎会根据一定的排名算法对搜索结果进行排序。排名算法会考虑多种因素,如网页的相关度、权重等,以提供最符合用户需求的信息。这些算法可能包括 PageRank、超链接分析、主题模型等。

第五,搜索引擎会将排序后的结果返回给用户。当用户输入查询关键词时,搜索引擎会在其索引数据库中查找与关键词相关的网页,并根据排名算法对结果进行排序,最终将最符合用户需求的网页展示给用户。

在词语抓取的过程中,搜索引擎还会设置反作弊机制,以保证搜索结果的质量和准确性。这包括对恶意网站、垃圾信息等进行过滤和惩罚,以确保用户能够获得高质量、可靠的搜索结果。

总之,搜索引擎词语抓取是一个复杂而精细的过程,它涉及多个环节和技术手段,以确保用户能够快速、准确地找到所需信息。

2. 影响关键词权重的主要因素

影响淘宝关键词权重的主要因素有多个,这些因素共同决定了商品在淘宝搜索结果中的排名和曝光率。以下是一些主要的影响因素。

(1) 商品标题和描述:淘宝搜索算法会根据商品标题和描述中的关键词确定关联程度,并对其权重进行评估。商家应合理使用关键词,让其自然融入商品的描述和标题。

(2) 点击率和转化率:搜索引擎会通过用户的点击率和转化率评估关键词的相关性与重要性。商家需要通过优化商品页面和提供优质的服务,提高关键词的点击率和转化率。

（3）店铺信誉和销售量：淘宝会根据商家店铺的信誉和销售量评估关键词的权重。因此，商家需要重视店铺运营和信誉管理，提升店铺的整体权重。

（4）商品数据：包括点击率、转化率、收藏加购等因素。这些因素反映了消费者对商品的兴趣和购买意愿，对提升关键词权重至关重要。

（5）上下架时间：主要由关键词和产品数量决定，对于大类目商品的权重影响较大。商家可以合理安排商品的上下架时间，以获取更多的曝光机会。

（6）类目选择：虽然一些商品的关键词相同，但所属类目不一定相同，类目权重是不一样的。商家应仔细选择商品所属的类目，以获取更高的权重。

（7）店铺服务：如开通了7天无理由退货、运费险、淘金币、花呗等服务的店铺，权重相对会比较高。这些服务能够提升消费者的购物体验，进而提升店铺的权重。

综上所述，要提升淘宝关键词权重，商家需要从多个方面入手，包括优化商品标题和描述、提升点击率和转化率、维护店铺信誉和增加销售量、关注商品数据、合理安排上下架时间、选择正确的类目以及提供优质的店铺服务等。通过综合运用这些策略，商家可以有效地提升关键词权重，提高商品在淘宝搜索结果中的排名和曝光率。

3. 选取关键词

根据搜索引擎原理、消费者搜索习惯以及关键词权重的主要影响因素，从表2.2中选取10个最适合商品的关键词。

表2.2 关键词选词示例

商品名称	核心词	属性词	热搜词	长尾词
连衣裙	连衣裙	INS少女、雪纺、定制、长袖、白色、娃娃领、显瘦、复古、小众设计、春秋、美拉德、公主、修身、高腰	2022新款	连衣裙小众设计、白色雪纺连衣裙、复古娃娃领连衣裙

4. 违禁词检查

小组查找整理违禁词词库，检查本组所找关键词是否包含违禁词。

三、标题撰写

1. 标题撰写基本要求

网店商品标题是商品展示和吸引消费者的关键，它承载着商品的主要信息，是消费者了解商品的第一道门槛。

首先，商品标题应包含商品的核心信息，如商品的品牌、型号、规格、材质、颜色等基础属性，以便消费者快速了解商品的基本情况。同时，标题中可以加入商品的主要功能、特点或卖点，突出商品的独特性和优势，吸引消费者的注意力。

其次，商品标题应注重关键词的选择和使用。关键词是消费者在搜索商品时使用的词汇，因此，标题中应包含与商品相关的热门关键词和长尾关键词，以提高商品在搜索引擎中的曝光率。同时，关键词的使用要自然、合理，避免堆砌和滥用，以免影响消费者的阅读体验。

再次，商品标题的长度和格式需要注意。标题的长度应适中，既要包含足够的信息，又要避免过于冗长导致消费者失去兴趣。格式上，可以使用适当的标点符号和空格进行分隔，使标题更加易读易懂。同时，避免使用过于复杂或生僻的词汇，保持标题的简洁明了。

最后，商品标题应与商品图片和详情页内容保持一致。标题中的描述和承诺应与商品实际情况相符，避免消费者误解或失望。同时，标题可以与店铺的促销活动或优惠信息相结合，提高消费者的购买意愿。

2. 商品标题作用

网店商品标题不仅是一个简单的文字描述，更是商品与消费者之间沟通的桥梁。网店商品标题的作用主要有以下几点。

（1）吸引消费者注意力。

商品标题是消费者在浏览网店时首先接触的信息，一个吸引人、具有亮点的标题能够迅速抓住消费者的眼球，激发他们的购买欲望。通过运用生动的词汇、有趣的描述或者其独特的卖点，标题可以有效地吸引消费者进一步了解商品。

（2）传达商品信息。

商品标题是商品信息的重要载体，它应该清晰地传达出商品的主要特点、功能、材质等关键信息。这样消费者可以在短时间内了解商品的基本情况，从而判断该商品是否符合自己的需求。

（3）提高搜索引擎排名。

在电商平台中，消费者往往通过搜索关键词查找自己需要的商品。因此，商品标题中合理地使用关键词，有助于提高商品在搜索引擎中的排名，增加商品的曝光率。一个优化过的标题，可以使商品在众多同类商品中脱颖而出，被更多的消费者看到。

（4）塑造品牌形象。

商品标题也是品牌形象的一部分。精心设计的标题，可以展现店铺的专业性、信誉度和独特风格，从而增强消费者对店铺的信任和好感。一个与品牌形象相符的标题，可以加深消费者对店铺的记忆和认知。

（5）引导消费者决策。

商品标题中的描述和承诺，可以影响消费者的购买决策。一个详细、准确的标题，可以让消费者更加了解商品的优势和价值，从而更容易做出购买决定。同时，标题中的促销信息或优惠活动，可以刺激消费者的购买欲望。

综上所述，网店商品标题在吸引消费者注意力、传达商品信息、提高搜索引擎排名、塑造品牌形象以及引导消费者决策等方面发挥着重要作用。因此，商家应该重视商品标题的设计和优化，以提高商品的竞争力和销售额。

3. 标题组合方式

网店商品标题的组合方式多种多样，以下是一些常见的组合方式。

（1）"核心词+促销词+属性词"：这是淘宝标题组合的一种常见公式。核心词是商品的主要名称或类别，促销词如"特价""包邮"等，用于吸引买家注意，属性词则描述商品的特性，如颜色、尺寸、材质等。

（2）"品牌+商品名称+卖点"：对于有品牌影响力的商品，可以在标题中突出品牌，商品名称明确告诉买家这是什么商品，卖点则进一步突出商品的优势或特色。

（3）"活动信息+商品名称+优惠"：如果商品有促销活动，则可以将活动信息融入标题，如"限时折扣""满减"等，同时强调优惠信息，吸引买家点击购买。

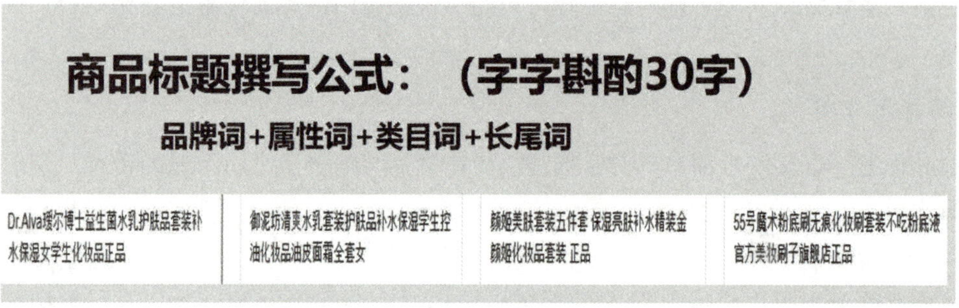

商品标题撰写公式：（字字斟酌30字）
品牌词+属性词+类目词+长尾词

| Dr.Alva绫尔博士益生菌水乳护肤品套装补水保湿女学生化妆品正品 | 御泥坊清莹水乳套装护肤品补水保湿学生控油化妆品油皮面霜全套女 | 颜姬美肤套装五件套 保湿亮肤补水精装金颜姬化妆品套装 正品 | 55号魔术粉底刷无痕化妆刷套装不吃粉底液官方美妆刷子旗舰店正品 |

图 2.4　商品标题撰写公式

4. 标题撰写注意事项

在撰写网店商品标题时，还需注意以下几点。

（1）关键词的准确性：确保标题中的关键词与商品内容高度相关，避免使用与商品不符的关键词，以免误导买家。

（2）标题的简洁性：标题应简洁明了，避免冗长和复杂的描述，让买家能够快速理解商品信息。

（3）使用热门词汇：结合市场和行业趋势，使用热门词汇和搜索词，提高商品的搜索曝光率。

（4）遵守平台规则：确保标题符合淘宝等电商平台的规定，避免使用违规词汇或误导性描述。

总之，网店商品标题的撰写需要根据商品特点、市场需求和平台规则进行综合考虑，以吸引买家的注意并提高点击率。同时，随着市场和商品的变化，标题需要适时进行调整和优化。

5. 撰写标题

运用淘宝平台工具测试标题的热度并优化标题，与老师讨论本小组标题撰写情况，并总结撰写标题的基本要求。

表 2.3　产品标题

产品标题	

淘宝后台提交标题，观察标题效果，根据软件提示不断优化标题。

表 2.4　产品标题优化

优化标题	

四、任务评价

（1）网络教学平台上传本店铺商品标题，相互评分，点赞最佳商品标题。

（2）上台讲授标题制作的思路和效果，分享标题制作过程中遇到的困难和心得。

项目二 商品发布 02

表2.5 任务评价

指标	标准	分值
商品标题	规范，30字以内，无违禁词，符合发布规范	20分
	准确，标题组合符合搜索习惯，标题有竞争力	20分
词语查找	齐全，包括属性词、热搜词、核心词、品牌词	20分
词语组合	合理，关键词组合合理	20分
团队合作	分工，团队成员知识、能力互补，职能岗位分工明确	20分

任务2　商品发布之卖点提炼

目标要求

知识目标	1. 了解商品卖点的基本要素和特点。 2. 理解商品卖点的提炼方法——FABE法则。
技能目标	1. 能依据调查结果分析商品特点及目标用户的痛点。 2. 能根据商品特点和用户痛点提炼商品卖点并撰写广告语。
素养目标	1. 培养学生开展详细调查与分析的能力，培养学生实事求是、一切从实际出发的职业素养。 2. 培养人际沟通能力，学会小组讨论协作与分工。
思政目标	1. 遵守"守信、守业、守法、守规"的职业规则。 2. 强化"至诚、至真、至臻、至卓"的职业信念。

任务内容

助农线上店铺的产品梨膏糖、莲子等即将上架，各小组需要对所选商品相关信息进行分析讨论，提炼商品卖点，并将提炼的卖点总结成朗朗上口的广告语。

先导任务

阅读网店卖点提炼案例，思考商品卖点提炼的方法。

越秀女装网店的卖点提炼

越秀女装网店是一家专注于时尚女装的网店，其通过对商品特点、目标客户群体及市场需求进行深入分析，提炼出独特的卖点，提升了网店的竞争力和销售额。

一、商品特点分析

款式多样：本店女装涵盖多种风格，如甜美、优雅、简约、复古等，能够满足不同顾客的个性化需求。

品质优良：采用高品质面料，注重细节处理，确保穿着舒适、耐穿。

更新迅速：紧跟时尚潮流，定期上新，保持店铺新鲜感。

二、目标客户群体分析

本店的目标客户群体主要为年轻女性，她们注重时尚、追求个性，有一定的消费能力，且对品质有一定要求。同时，她们是网购的主力军，善于通过网络平台寻找心仪的商品。

三、市场需求分析

随着生活水平的提高和审美观念的改变，女性对时尚女装的需求日益增长。她们希望购买到既符合自己风格又具有品质保障的女装，同时希望获得良好的购物体验。

四、卖点提炼

基于以上分析，我们提炼出以下卖点。

多元风格，满足个性需求：本店女装款式多样，涵盖各种风格，让每位顾客都能找到适合自己的款式，展现独特魅力。

品质至上，穿着舒适：采用高品质面料，注重细节处理，确保每件商品都具备优良的品质和舒适的穿着体验。

时尚前沿，更新迅速：紧跟时尚潮流，定期上新，让顾客始终能够接触到最新的时尚元素，保持店铺的新鲜感。

优质服务，购物无忧：提供完善的售后服务，解决顾客在购物过程中遇到的问题，让顾客享受无忧的购物过程。

五、宣传策略

为了充分展示这些卖点，我们将采取以下宣传策略。

社交媒体推广：利用微博、抖音等社交媒体平台，发布时尚搭配、新品上市等信息，吸引目标客户的关注。

优惠活动：定期开展限时折扣、满减等优惠活动，激发顾客的购买欲望。

客户评价展示：在店铺页面展示客户的好评和晒单，提高商品的信任度和客户购买意愿。

通过对商品特点、目标客户群体以及市场需求的深入分析，网店成功提炼出一系列独特的卖点，并通过有效的宣传策略，提升了网店的竞争力和销售额。未来，我们将继续关注市场动态和客户需求，不断优化卖点，为顾客提供更好的购物体验。

一、商品卖点的概念

商品卖点是指商品具备的能够吸引消费者购买的特点或优势。这些卖点通常体现在商品的功能、品质、设计、价格等方面，是商家在推广和销售商品时重点强调的内容。商品卖点的有效提炼和展示，有助于提升商品的竞争力，吸引消费者的关注，并激发他们的购买欲望。

二、商品卖点的特点

商品卖点的特点主要体现在以下几个方面。

1. 独特性

商品卖点应是商品所独有的，能够与其他同类商品区分开来。这种独特性可以体现在商品的材质、工艺、设计、功能等方面，使消费者能够轻易识别并选择该商品。

2. 实用性

商品卖点应具有实际价值，能够解决消费者的实际问题或满足他们的实际需求。这种实用性可以是解决日常生活中的痛点，或者是提升消费者的使用体验。

3. 情感性

商品卖点应能够触发消费者的情感共鸣，满足他们的心理需求。例如，某些商品的设计可能符合消费者的审美偏好，或者能够带来愉悦、舒适等情感体验。

4. 价值性

商品卖点应体现商品的价值，包括性价比、品质保证等。消费者在购买商品时，通常会考虑其价格与性能的匹配度，以及商品是否具有良好的品质和售后服务。

5. 易理解性

商品卖点应简洁明了，易于消费者理解和接受。商家在提炼和展示卖点时，应避免使用过于复杂或专业的术语，而是用通俗易懂的语言描述商品的特点和优势。

综上所述，商品卖点是商品的核心竞争力和市场吸引力的重要体现，具有独特性、实用性、情感性、价值性和易理解性等特点。商家在推广和销售商品时，应充分挖掘和展示这些卖点，以吸引更多消费者的关注和购买。

三、商品卖点的提炼方法

商品卖点的提炼方法多种多样，主要依赖于对目标消费者需求、市场竞争状况以及商品自身特性的深入理解。

1. 研究目标消费者

了解目标消费者的需求、痛点和期望，从而精准地找到商品能够满足他们的点。例如，如果目标消费者注重环保，那么商品的环保特性就可以被提炼为卖点。

2. 分析竞争对手

了解竞争对手的产品特性和市场策略，找出自家商品的差异化和优势。这些差异化和优势可以是功能上的创新，也可以是品质上的提升，还可以是价格上的优势。

3. 强调商品特性

突出商品的独特之处，如设计新颖、材质上乘、工艺精湛等。这些特性能够直接提升商品的吸引力，使消费者愿意为之买单。

4. 注重品牌形象

品牌形象是商品卖点的重要组成部分。强化品牌形象，可以提高消费者对商品的信任度和好感度。例如，品牌一直以来都以高品质和创新著称，那么这些特点就可以被提炼为卖点。

5. 提供附加价值

除商品本身的功能和品质外，还可以提供一些附加价值，如优质的售后服务、便捷的购买流程等。这些附加价值能够增强消费者的购买体验，从而增加商品的吸引力。

6. 运用情感诉求

情感诉求是一种有效的卖点提炼方法。通过触发消费者的情感共鸣，可以让他们对商品产生更强烈的购买欲望。例如，强调商品的环保特性可以引发消费者的环保意识，强调商品的品质可以引发消费者对美好生活的向往。

在提炼商品卖点的过程中，需要不断地进行市场测试和调整，以确保卖点能够真正吸引目标消费者，并转化为实际的销售成果。同时，需要注意保持卖点的真实性和可信度，避免过度夸大或虚假宣传。

四、卖点提炼法则

FABE 法则是一个经典且有效的销售法则，用于提炼商品卖点。这一法则通过四个关键环节——Features（特征）、Advantages（优点）、Benefits（利益）和 Evidence（证据），极为巧妙地处理好了顾客关心的问题，从而顺利地实现商品销售。

1. Features（特征）

特征主要描述商品的基本属性，包括材质、设计、功能等。例如，一款手机可能具备高清摄像头、大容量电池等特征。

2. Advantages（优点）

优点强调商品相对于其他竞争品的优势。以手机为例，其优点可能包括拍照效果出色、电池续航能力强等。

3. Benefits（利益）

利益主要阐述商品能为用户带来的实际好处。以手机为例，高清摄像头能带来更好的拍照体验，大容量电池则能确保长时间使用无须担心电量问题。

4. Evidence（证据）

提供证据来支持商品的特征、优点和利益。这可以是用户评价、专业测试报告、获奖情况等，用以提高产品的可信度。

在运用 FABE 法则提炼商品卖点时，关键在于深入了解目标消费者的需求和痛点，以及商品自身的特性和优势。通过将商品特征转化为消费者能感知到的实际利益，并辅以有力的证据支持，可以有效地提升商品的吸引力和说服力，从而促进销售。FABE 法则的应用需要灵活变通，根据具体的商品和市场环境进行调整。同时，确保提供的信息真实可靠，避免夸大或虚假宣传，以维护品牌形象和消费者信任。

五、商品卖点提炼

1. 用户痛点挖掘

以莲子为例，用户痛点挖掘的基本步骤如下。

（1）登录淘宝网，在搜索栏中输入关键词，选出在口味、包装、目标群体、价位上与本店铺产品高度重合的商品。

（2）分析此店铺莲子的详细情况，重点分析商品诉求、反映的买家需求、客户评价和反馈信息。

2. 商品特点分析

在进行网店商品特点分析时，我们需要从多个维度深入剖析，以便更好地理解商品的特性、优势以及市场定位。挖掘商品特色，做到人无我有，人有我优。以下是一些关键的分析点。

（1）商品属性分析。

材质与工艺：分析商品使用的原材料、生产工艺以及技术水平，如采用环保材料、独特工艺等，这些都是商品的核心竞争力。

外观与设计：商品的外观设计和风格对于吸引消费者至关重要。分析商品的设计特点、颜色搭配、造型等因素，判断其是否符合目标消费群体的审美需求。

功能与性能：详细解析商品的功能特点、性能指标以及使用体验，如功能多样、性能稳定、操作便捷等，这些都是消费者在选择商品时关注的焦点。

（2）市场定位分析。

价格定位：分析商品的价格水平，判断其是否与市场同类商品相匹配，以及是否符合目标消费群体的购买力。

目标消费群体：明确商品的目标消费群体，如年龄、性别、职业、兴趣爱好等，以便更好地制定营销策略和推广方案。

市场需求与趋势：分析当前市场对商品的需求状况以及未来发展趋势，如市场容量、增长潜力等，为商品的发展规划提供参考。

（3）竞争优势分析。

差异化特点：分析商品与其他同类商品的差异化特点，如独特功能、优质品质、个性化设计等，以突出商品的竞争优势。

品牌影响力：评估品牌在市场中的知名度和美誉度，以及品牌对商品销售的拉动作用。

营销策略和销售渠道：分析网店的营销策略和销售渠道，如促销活动、广告投放、社交媒体营销等，以评估其市场推广效果。

（4）用户反馈分析。

用户评价：收集并分析用户对商品的评价，了解商品的优点和不足，以便进行改进和优化。

用户需求与反馈：关注用户的需求与反馈，及时捕捉市场变化和潜在机会，为商品迭代和升级提供依据。

通过以上分析，我们可以全面了解网店商品的属性、市场定位、竞争优势以及用户反馈情况，为制定有效的营销策略和推广方案提供有力支持。同时，我们要根据市场变化和用户需求不断调整与优化商品特点，以保持商品的竞争力和市场地位。

各小组按照老师讲解的方法开展小组讨论，挖掘独特卖点，并将提炼的商品卖点仿写成金句，要求做到生动、朗朗上口。

六、成果展示

对各组提炼的卖点按照评价标准进行评价。

表 2.6 任务评价

指标	标准	分值
卖点提炼	鲜明，卖点直击用户痛点，解决消费者关心的问题（消费者角度）	20 分
	独特，卖点独特有创意，与竞品店铺有差异（竞争者角度）	20 分
	准确，卖点符合商品特征，体现店铺和商品优势（自身商品角度）	20 分
文字创意	精练，卖点广告语言文字精练，表达准确形象	20 分
团队合作	分工，团队成员知识、能力、性格互补，职能岗位分工明确	20 分

任务 3　商品发布之详情设计

目标要求

知识目标	1. 了解商品详情页常用尺寸，商品详情页制作基本元素和设计逻辑。 2. 理解商品详情页制作结构逻辑。
技能目标	1. 能举一反三，根据自己淘宝店铺销售的商品以及促销亮点设计、制作商品详情页。 2. 能根据商品卖点和用户痛点制作推销式商品详情页。
素养目标	1. 培养学生客户服务意识和质量意识。 2. 详情页设计时应以诚信为根本，实事求是。 3. 发现自我潜能，激发学生创新、创业热情。
思政目标	1. 培养学生反复思辨、求真求实的精神和守信守规的道德。 2. 培养学生的创新创业意识，增强学生的市场竞争意识，培养学生树立双赢、共赢的商业思维。

任务内容

助农商品馆的产品梨膏糖、莲子等即将上架，各小组需要对所选商品进行分析讨论，根据淘宝店铺销售的商品以及促销亮点设计、制作商品详情页。

先导任务

思考：如图 2.5 所示，人们在网上购物时必须查看的是哪个页面，这个页面有什么作用？

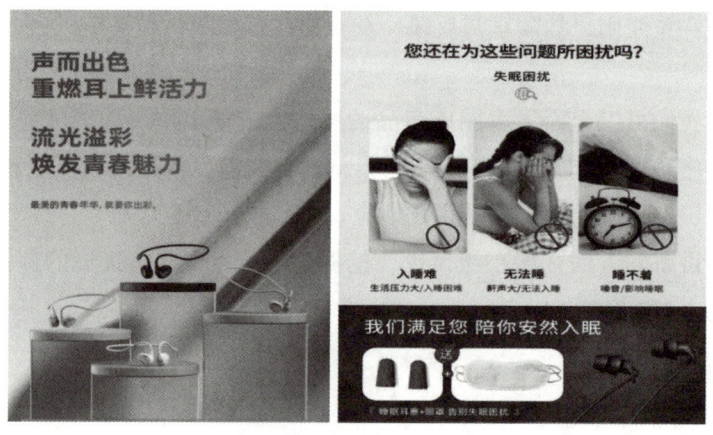

图 2.5　某商品详情页面

一、商品详情页

1. 商品详情页概念

商品详情页是指在电商平台或网店中展示商品详细信息的重要页面。它是消费者了解商品、做出购买决策的关键，也是商家展示商品特点、吸引消费者的主要阵地。

2. 商品详情页作用

商品详情页的作用主要体现在以下几个方面。

（1）提供商品详细信息。

商品详情页通过文字、图片、视频等多种形式，全面展示商品的外观、功能、性能、材质等详细信息。这有助于消费者了解商品的基本属性和特点，从而判断其是否符合自己的需求和期望。

（2）展示商品卖点。

商品详情页是商家展示商品卖点的重要平台。商家可以通过精心设计的详情页，突出商品的独特之处和优势，吸引消费者的注意力，激发消费者的购买欲望。

（3）提升消费者购买信心。

通过详细的商品介绍和用户评价，商品详情页可以帮助消费者建立对商品的信任感，降低购买风险。同时，商品详情页中的售后服务保障等信息能进一步提升消费者的购买信心。

（4）促进商品销售。

优秀的商品详情页能够有效吸引和留住消费者，提高商品的点击率和转化率。通过合理布局和设计，商品详情页能够引导消费者深入了解商品，最终促成购买行为。

（5）建立品牌形象。

商品详情页是商家展示品牌形象和风格的重要窗口。通过统一的视觉设计、专业的文字描述和高质量的图片展示，商品详情页能够传达出商家的品牌理念和价值观，增强消费者对品牌的认同感和忠诚度。

因此，对于电商平台和网店来说，优化商品详情页是提高商品销量、提升用户体验和建立品牌形象的重要手段。商家应该重视商品详情页的设计和内容呈现，确保详情页能够充分展示商品的特点和优势，吸引并留住消费者。

3. 商品详情页基本要素

商品详情页的基本要素包括以下几个方面。

（1）商品主图与标题。

商品主图是详情页的重要组成部分，应具备清晰、高分辨率的特点，能够多角度展示商品，吸引用户的注意力。商品标题应简洁明了，准确描述商品的特点和卖点，帮助用户快速了解商品的核心信息。

（2）商品参数与价格。

商品参数是用户购买过程中需要了解的关键信息，如尺寸、重量、材料等。商品详情页应提供清晰明了的商品参数表格，方便用户比较和选择。同时，商品价格是影响用户购买的重要因素，详情页应清晰地展示商品价格，以及可能的优惠活动，方便用户进行价格比较和决策。

（3）商品描述。

商品描述应详细、准确，包括产品的特点、功能、优势、使用场景等，帮助用户全面了解商品。描述中可以结合使用故事化的叙述方式，让用户产生共鸣，激发购买的欲望。

（4）用户评价。

用户评价是商品详情页中的重要组成部分，可以反映商品的真实质量和商家的服务水平。用户评价可以提高商品的可信度，帮助其他用户做出购买决策。因此，详情页应展示真实的用户评价，并允许用户进行评分和留言。

（5）服务保障。

商品详情页中应明确展示售后服务内容、保修政策、退换货流程等信息，以增强用户的购买信心。这些服务保障措施可以让用户感到放心，提高其购买意愿。

（6）视觉设计与布局。

商品详情页的视觉设计与布局是至关重要的。色彩、字体、文案、构图和氛围等要素应协调统一，营造出专业、可信的购物环境。同时，布局应合理，按照用户的阅读习惯和购买决策流程进行安排，引导用户深入了解商品并最终促成购买。

通过综合考虑以上六大基本要素，商家可以设计出吸引人、易理解的商品详情页，提升商品的销售效果和用户体验。

4. 商品详情页设计原则

商品详情页设计应遵循以下原则，以确保提供清晰、准确且吸引人的信息，从而增强用户的购买决策信心。

（1）首屏聚焦原则。

商品详情页的首屏应迅速吸引用户的注意力，展示商品的核心卖点和最具吸引力的信息。这可以通过使用高质量的图片、引人注目的标题和简洁明了的描述来实现。

（2）信息准确性原则。

商品详情页应提供准确、详细的商品信息，包括尺寸、颜色、材质、功能等。避免夸大其词或提供不实信息，以维护品牌形象和用户信任。

（3）清晰易懂原则。

页面布局应清晰简洁，避免过多的干扰元素。使用易于阅读的字体和字号，确保用户能够轻松理解商品信息。同时，采用合理的排版和配色，以提高页面的可读性。

（4）用户友好原则。

详情页设计应考虑用户的阅读习惯和购买流程，确保用户能够方便地找到所需信息，如价格、库存、购买按钮等。同时，提供明确的购物指引和售后服务信息，以降低用户的购物风险。

（5）价值塑造原则。

通过详情页的描述，展示商品的价值，包括产品本身的价值、服务价值、附加价值等。强调商品的独特性和优势，使用户感受到购买该商品是值得的。

（6）情感共鸣原则。

通过图文展示和故事化的叙述方式，引发用户的情感共鸣，这有助于增强用户对商品的认同感和购买欲望，提高转化率。

（7）响应式设计原则。

确保详情页在不同设备上（如手机、平板和电脑）都能正常显示，提供良好的用户体验。这有助于吸引更多潜在用户，提高页面的访问量和转化率。

商品详情页设计应遵循以上原则，以打造出既美观又实用的页面，提升用户的满意度和购买意愿。

二、设计要素分析

商品详情页设计的基本要素包括配色、字体、文案、构图、排版和氛围，这些要素共同构成了详情页的整体视觉效果和信息传递方式，对于提升用户体验和促进销售至关重要。

1. 配色

配色是详情页设计的基础，能够直接影响用户的视觉感受和心理反应。合理的配色方案应确保页面色彩和谐统一，符合品牌形象，同时能够突出商品的特点和卖点。例如，使用品牌色作为主色调，搭配辅助色和点缀色，形成鲜明的视觉对比，吸引用户的注意力。

2. 字体

字体是详情页中信息传递的载体，选择合适的字体对于提升页面的可读性和美感至关重要。字体应清晰易读，与商品属性和品牌形象相契合。同时，字体的大小和粗细需要根据页面布局与信息层次进行合理搭配，确保用户能够轻松阅读并理解页面内容。

3. 文案

文案是详情页中的核心信息，能够直接影响用户的购买决策。文案应简洁明了，准确传达商品的特点、优势和使用场景。同时，文案的语言风格需要与目标用户相匹配，以产生共鸣并激发用户的购买欲望。

4. 构图

构图是指页面中各元素的排列组合方式，合理的构图能够突出商品特点，引导用户的视觉流程。在详情页设计中，可以通过运用对比、对称、重复等构图原则，将商品图片、文字描述、购买按钮等元素进行合理的布局和组合，形成美观且易于理解的页面结构。

5. 排版

排版是详情页设计的关键环节，涉及文字、图片等元素的排版方式和整体布局。合理的排版能够提升页面的可读性和美观度，增强用户的阅读体验。在排版过程中，需要注意文字的行距、字距、段落间距等细节，确保页面内容清晰易读。同时，需要根据商品的特性和用户的阅读习惯，对图片进行合适的裁剪和排版，使其更好地服务于商品展示和信息传递。

6. 氛围

氛围是详情页设计中的重要元素，能够影响用户的情绪和心理感受。色彩、图片、文字等设计元素的运用，可以营造出符合商品特性和品牌形象的氛围，使用户在浏览详情页时产生积极的情感反应。例如，对于高端奢侈品，可以运用奢华的色彩和精致的排版，营造出高贵典雅的氛围；对于年轻时尚的商品，则可以运用明亮活泼的色彩和创意十足的排版，营造出轻松愉悦的氛围。

商品详情页设计的六大基本要素相互关联、相互影响，共同构成了详情页的整体视觉效果和信息传递方式。在设计过程中，需要充分考虑这些要素，确保详情页既美观又实用，能够吸引用户的注意力并促进销售。

请根据图2.6分析拆解详情页中各要素的设计，讨论图中各要素特征。

图2.6　某商品详情页

三、页面风格定位

1. 详情页的风格定位

详情页的风格定位主要基于商品的特色和目标受众。不同的商品需要不同的风格来衬托，以吸引并满足特定的消费群体。例如，对于珠宝饰品类商品，由于其精致的质感，适宜选用纤细的字体、淡雅的黑白灰浅蓝等组合来衬托其高贵气质；而对于设计感较强的白T恤，其目标用户大多是年轻人，因此应选用活泼的字体、颜色鲜艳的组合来营造冲击力和时尚感。

目标人群特征和商品特性决定了商品的风格定位，图2.7中商品目标人群不一样设计风格也不相同。

图2.7　不同产品详情页设计

2. 详情页常见风格

详情页的常见风格包括扁平风、合成风、3D立体风和手绘风等。扁平风画面简约，卖点简洁明了；合成风画面冲击力强，展示效果好；3D立体风画面空间感强，风格新颖；手绘风色彩绚丽，画面吸引人，趣味性强。这些风格并不是单一存在的，而是可以相互结合，使详情页更加丰富和有趣。

3. 详情页的定位方法

在定位详情页风格时，需要考虑产品的色彩风格、品牌故事、产品基本信息、针对的人群以及产品的成分和功效等因素。这些都将对详情页的整体风格和内容产生影响。

同时，需要注意详情页的整体风格色彩与店铺统一，主色调最好用同一色系，色彩可以适当变化，以带给消费者更直观的感受。

综上所述，详情页的风格定位是一个综合考虑商品特色、目标受众、设计风格和内容等因素的过程，旨在通过精准的定位和设计，吸引并满足消费者的需求，促进商品的销售。

4. 风格定位实操

根据本组即将发布商品的目标人群特征和商品特性，讨论确定本店铺商品详情页的两种主色调和字体风格，并分析选择该色彩和字体的原因。

表 2.7　详情页风格定位

要素	特征
配色	
字体	
构图	
氛围	

四、文案创意

1. 详情页文案创意要求

详情页文案是吸引用户并引导其深入了解商品的关键因素。以下是关于详情页文案创意的几点要求。

（1）故事化叙述。

用生动的故事来讲述商品的诞生、特点和使用场景，让消费者更容易产生共鸣，并增强对商品的信任感。例如，可以描述一个具体的用户在使用商品后的体验变化，或者商品背后的设计灵感来源。

（2）突出卖点。

精准提炼商品的核心卖点，并通过简洁有力的语言进行表达。这些卖点可以是商品的功能优势、材质特性、设计创新或是性价比等，要确保文案能够直击消费者的需求痛点。

（3）运用比喻和修辞。

运用生动形象的比喻和修辞手法，使文案更加生动有趣，增强吸引力。例如，可以将商品的特点与生活中的常见事物进行类比，或是使用押韵、对仗等修辞手法提升文案的韵律感。如图 2.8 所示。

（4）采用幽默诙谐的风格。

适当的幽默和诙谐可以让文案更具亲和力，拉近与消费者的距离，但要注意避免过于夸张或冒犯性的言辞，以免适得其反。

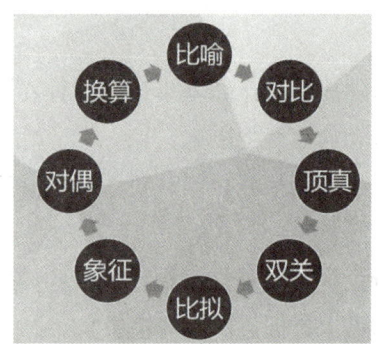
特步:"特步,飞一般的感觉。"
滴滴出行:"打开车门就是家门。"
红桃K补血冲剂:"补血,我就服红桃K。"
大白兔奶糖:"美味蹦出来!"
方太水槽洗碗机:"要捡起心中的梦,先放下手中的碗。"
Airbnb民宿短租平台:"睡在山海间,住进人情里。"
OPPO手机:"充电5分钟,通话2小时。"

图 2.8　文案创意方法

（5）强调用户利益。

文案应着重强调商品能够为用户带来的实际利益,而不仅是描述商品本身的特点。例如,可以强调商品如何提升用户的生活品质、节省时间成本或解决特定问题。

（6）创意排版和视觉设计。

文案的排版和视觉设计是提升创意感的关键。可以通过字体、颜色、图片等元素的巧妙搭配,使文案更加突出和易于阅读。同时,可以尝试使用不同的排版方式,如斜体、加粗、分段等,增强文案的层次感和节奏感。

（7）结合时事热点或流行文化。

将当前的时事热点或流行文化元素融入文案,可以提高文案的新颖性和话题性,吸引更多用户的关注。但要注意与商品的属性和品牌形象相契合,避免过于牵强或偏离主题。

总之,文案创意要点:紧贴定位、聚焦痛点、精短简洁、逻辑清晰,如图2.9所示。详情页文案的创意需要结合商品特点、目标受众和市场趋势来综合考虑,通过生动有趣的叙述、精准有力的卖点提炼和创意十足的排版设计,提升文案的吸引力和说服力。

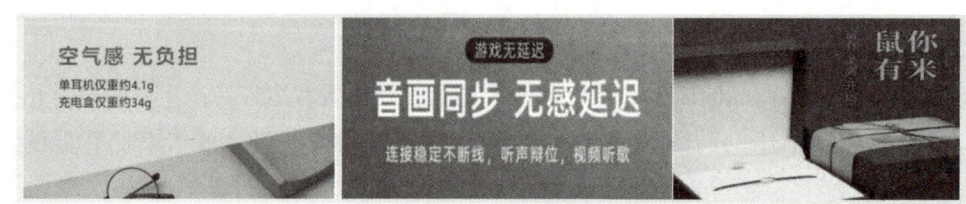

图 2.9　商品文案创意示例

2. 文案创意

撰写上架商品文案,要求考虑商品特点和目标群体心理;文案简洁,朗朗上口;适当采用修辞手法。

商品文案:_____

五、结构设计

1. 详情页结构布局

详情页的结构布局是确保用户能够流畅、高效地获取商品信息的关键。以下是一些关于详情页结构布局的建议。

顶部区域：通常包括商品的主图、标题和价格。主图应清晰、高质量，能够充分展示商品的外观和特点。标题应简洁明了，能够准确概括商品的核心卖点。价格应醒目，方便用户快速了解商品的价位。

中部区域：是详情页的主要内容区域，应详细展示商品的各项信息。包括商品的详细描述、规格参数、使用方法、材质介绍等。这些信息应以逻辑清晰、易于理解的方式呈现，方便用户全面了解商品。

用户评价区域：展示其他用户对商品的评价和反馈，对于潜在买家来说具有重要的参考价值。这部分可以包括文字评价、图片或视频展示等，以更直观地反映商品的实际效果和使用体验。

相关推荐区域：展示与当前商品相关的其他产品，可以帮助用户发现更多感兴趣的商品，提高购买的可能性。

底部区域：通常包括购买按钮、客服联系方式等。购买按钮应明显且易于点击，方便用户进行购买操作。客服联系方式应易于查找，以便用户在有疑问或需要帮助时能够迅速联系到客服人员。

在布局过程中，还需要注意采用合理的对齐方式，如居中对齐、左右对齐等，使页面元素排列整齐、有序；适当的空白间隙有助于用户更好地理解信息和阅读内容，同时能提升页面的美观度。页面的色彩搭配应与品牌形象和产品特性相契合，营造出舒适、和谐的视觉氛围。

总之，详情页的结构布局应充分考虑用户的需求和浏览习惯，通过合理的布局和设计，提高用户的阅读体验和购买意愿。

2. 详情页不同屏的展现重点

（1）海报：引发客户兴趣，突出店铺优势；活动海报、新品海报、全店促销、爆款海报。

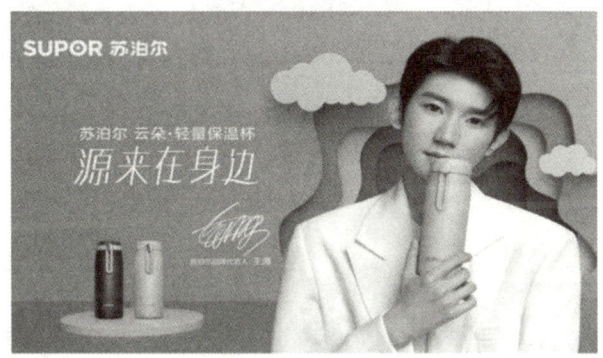

图 2.10　某商品海报示例

（2）痛点：展现行业特性，用户使用场景中痛点解决。

图 2.11　某商品详情页示例

（3）产品参数：列举产品的尺码、尺寸、材质、颜色等。

图 2.12　某商品产品参数示例

（4）大图展示：多角度展示商品。

图 2.13　某商品场景图示例

（5）细节图：从细节展示自己的优势。

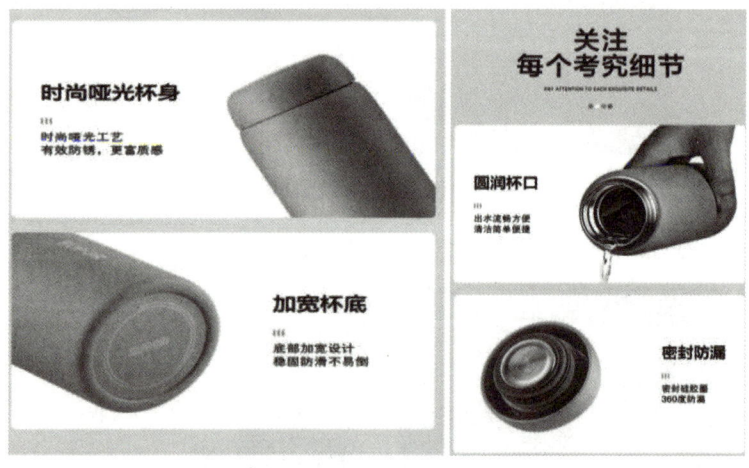

图 2.14　某商品细节图示例

3. 商品详情页设计

思考商品详情页设计的原理，小组讨论根据商品卖点设计详情页结构顺序，根据详情页结构设计逻辑，将商品图片、文案合成为详情页。优化详情页颜色、字体、文案，使详情页逻辑清晰、风格统一、卖点鲜明。手机端商品描述的图文要求如下。

（1）480像素≤图片宽度≤1500像素（手机端图片宽度建议上传750像素），0＜图片高度≤2500像素。

（2）图片大小≤3M。

（3）文字字数≤5000字。

（4）摘要≤140字。

（5）音频大小≤200k，仅支持MP3格式。

六、成果展示

展示本店铺商品详情页，相互评分点赞最佳商品详情页。

表2.8 任务评价

指标	标准	分值
风格定位	精准，能根据目标用户画像进行风格定位	20分
	统一，整体页面色彩、文字的风格统一协调	20分
卖点呈现	鲜明，页面能鲜明呈现商品卖点，吸引消费者注意	20分
创新创意	新颖，页面设计创意独特新颖，创新力度大	20分
团队合作	分工，团队成员知识、能力、互补，职能岗位分工明确	20分

任务4　网店创设之商品发布

目标要求

知识目标	1. 熟悉商品发布的流程和规则。 2. 了解商品的基本类目分类。
技能目标	1. 会制作符合规范、有吸引力的主图。 2. 能依据店铺自身情况选择正确的类目、规格等进行商品发布。
素养目标	1. 培养学生客户服务意识和质量意识。 2. 遵循平台规则，培养规则意识。 3. 养成学生守规守法的职业操守。
思政目标	1. 培养学生反复思辨、求真求实的精神和守信守规的道德。 2. 培养学生的创新创业意识，增强学生的市场竞争意识，培养学生树立双赢、共赢的商业思维。

任务内容

助农商品馆的产品梨膏糖、莲子等即将上架，各小组需要对所选产品进行分析讨论，根据淘宝店铺商品发布要求，制作商品主图，选择合适的类目和属性发布商品。

先导任务

（1）观看店铺已发布商品视频，分析商品视频中介绍了商品哪些信息。

（2）发布商品需要准备的资料。

商品主图、商品详情页、价格、品类分类、属性（货号、颜色、规格等）、商品描述等，将前7次课准备的相关资料准备齐全。

一、主图发布

1. 主图要求

主图的第1张图最重要，搜索端展示第1张，共可发布5张主图。尺寸：天猫端，800×800像素；淘宝端，700×700像素。不得拼接，不得出现水印，不包含促销、夸大描述文字；商标所有人可将品牌Logo放在主图右上角，大小为主图的1/10。

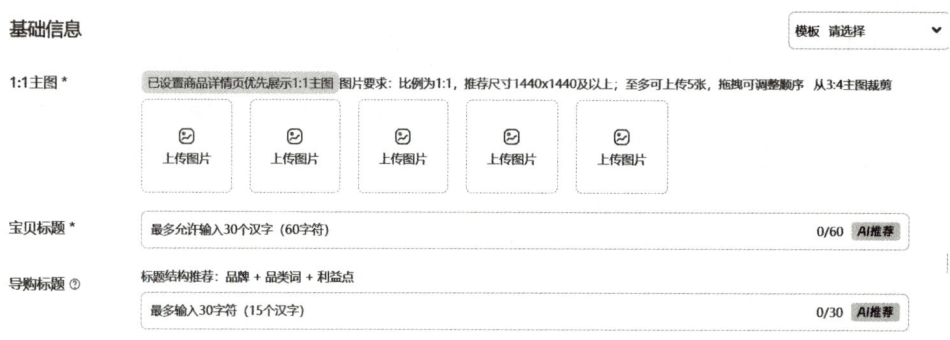

图2.15　商品发布页面

2. 主图发布

小组分工合作登录淘宝平台千牛卖家中心，进入商品发布界面，上传商品主图图片。

二、品类选择

1. 品类选择作用

品类是指满足同类需求的一组相似产品，查找各大平台品类分类。

类目相当于我们去实体店铺购物，店家把衣服、裤子、鞋子进行分类摆放。综合搜索排序中，高相关品类分类的权重占了半壁江山，很多新商家在商品上传时选错了类目，因此商品没有流量，没有转化和销售额。高相关品类分类的权重为50%，因此将商品发布在正确的品类下，能提高商品的搜索引流排名。

2. 选择品类

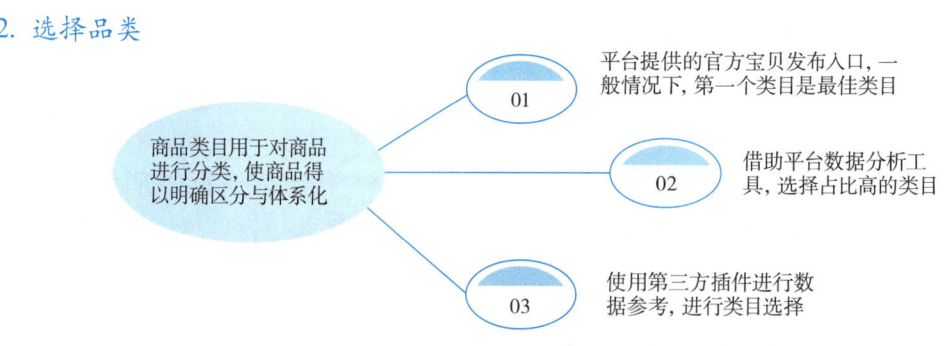

图2.16　商品类目选择

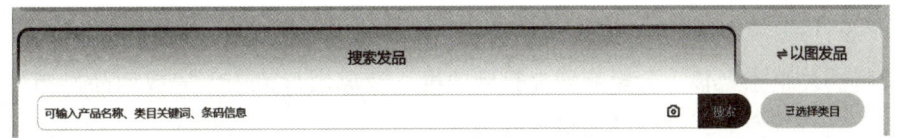

图 2.17　商品发布类目选择页面

查找类似店铺商品所属类目，确定本店铺即将发布的商品一级大类、二级子类、三级子类。

表 2.9　商品类目

商品	类目
一级大类	
二级子类	
三级子类	

三、商品发布

1. 标题发布

平台标题检测器中检验标题是否有违禁词以及标题评分，如果标题合格，则进行发布。

2. 属性填写

（1）属性填写要求。

不同类目拥有不同的商品属性，但带红色星号的信息为必填项；蓝星——提升搜索；下拉词——单选或多选；手填货号。

（2）属性填写注意事项。

属性的填空尽量多填；品牌词绝对不可填错，可能投诉售假——24 分扣分；货号如果是 1688 一件代发，应尽量与原来不一样；大属性要填对，寻找大卖的类似店铺的产品属性，借鉴同行不等于整个复制；多选属性，与同行不一致，挖掘不同点。

图 2.18　商品属性填写页

操作商品发布平台，熟悉商品属性填写要求，填写商品信息：标题、库存、品牌、型号规格、材质、特点、功用等信息。根据商品的具体情况填写使用、保养方法等注意事项，编写交易说明、运费说明、签收提醒、售后服务、联系方式等。

3. 运费模板设置

设置运费模板，注意偏远地区运费模板设置。

4. 详情页图片上传

注意不要将图片整张上传，会影响图片打开速度，造成用户流失。完成商品发布后，以普通消费者身份浏览店铺查看商品，检查商品呈现效果。

四、成果展示

在网络教学平台上传本店铺商品链接，各小组相互评分。分享商品选择、卖点提炼、确定价格、制作详情页过程中的心得体会。

表 2.10　任务评价

指标	标准	分值
类目属性	齐全，商品发布后页面属性特征描述齐全	20 分
	符合，类目选择正确，属性描述符合商品特征	20 分
主图展现	鲜明，主图符合规范，特点鲜明有吸引力，能带来点击量	20 分
详情页面	规范，页面大小尺寸符合要求，页面展示整体统一协调	20 分
团队合作	分工，团队成员知识、能力、性格互补，职能岗位分工明确	20 分

项目二小结

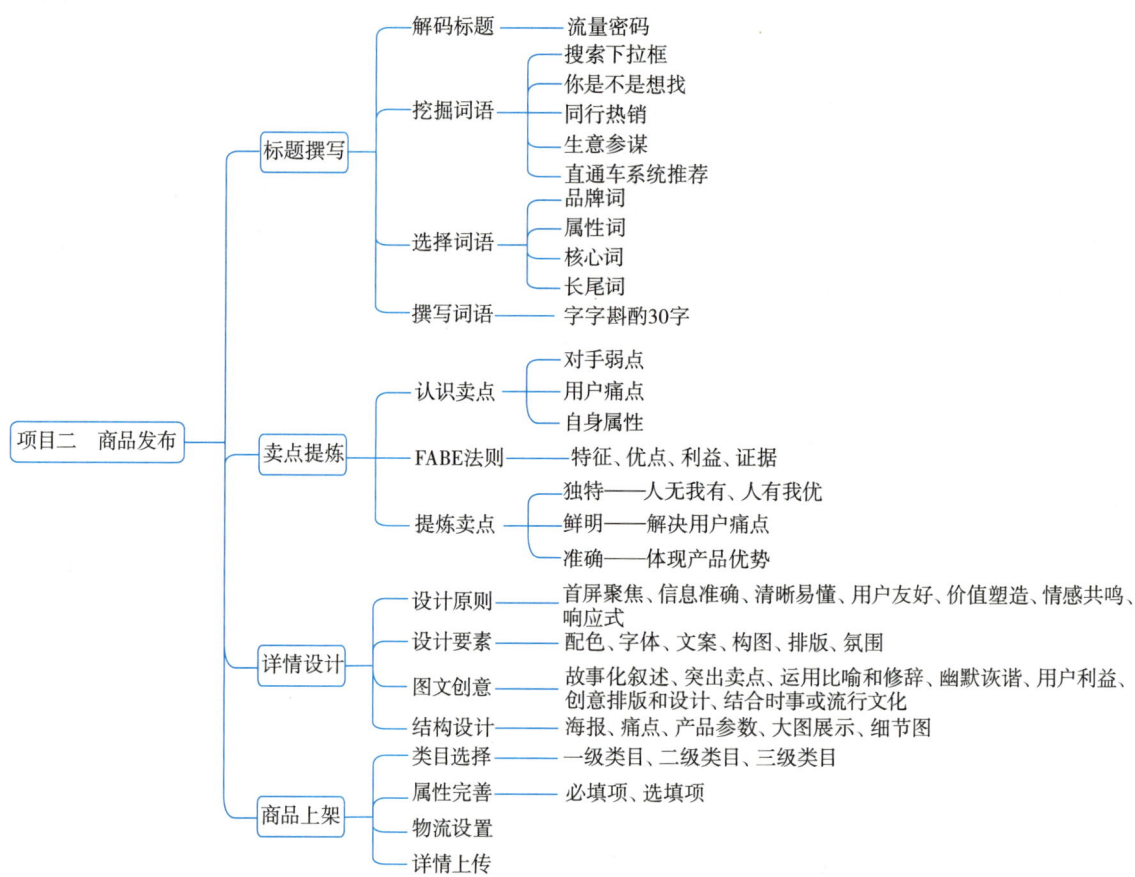

项目二测试

一、单选题

1. 主要用于树立店铺形象，提升品牌知名度的产品是（　　）。
   A. 引流款　　　　　　B. 利润款　　　　　　C. 活动款　　　　　　D. 形象款

2. 以下哪个宝贝标题属于合格的标题？（　　）
   A. 包邮！2017春夏装新款女装雪纺衫显瘦甜美雪纺连衣裙夏季
   B. 【天猫新风尚】艾夫斯 原价139元女长袖格子衬衫21122120047
   C. 艾夫斯 夏新款 女 蝴蝶结泡泡袖休闲T恤
   D. 2017春装新款女装艾夫斯甜美学院风荷叶边猫猫印花雪纺衫连衣裙

3. FABE法则中B代表（　　）。
   A. 特征　　　　　　　B. 优点　　　　　　　C. 利益　　　　　　　D. 证据

4. 一个优秀的商品标题不仅要能向买家介绍商品的特征，传达商品的有效信息，还要尽可能地包含更多高相关性的（　　），以提高商品搜索量和浏览量，进而带动销量。
   A. 关键词　　　　　　B. 属性　　　　　　　C. 类目　　　　　　　D. 概念

5. FABE法则中E代表（　　）。
   A. 特征　　　　　　　B. 优点　　　　　　　C. 利益　　　　　　　D. 证据

6. 商品上下架在日常运营中作用很大，利用好宝贝的（　　），可以带来短期排名提升。
   A. 上下架时间　　　　B. 上下架数量　　　　C. 上下架地点　　　　D. 上下架技巧

7. 以下哪种不是在淘宝网发布商品的方法？（　　）
   A. 在卖家中心发布　　　　　　　　　　　　B. 淘宝小二发布
   C. 1688一键传淘宝　　　　　　　　　　　 D. 使用淘宝助理发布商品

8. 关于商品标题优化的描述不正确的是（　　）。
   A. 商品标题优化是关键词的组合优化
   B. 爆款标题应该选择的是行业内的热词、短词
   C. 日常销售款标题优化时应尽可能包含更多的属性相关词
   D. 新品和滞销品的流量获取能力低于爆款商品，在选择关键词时要尽量选择属性热词，提高展现量

9. 以下关键词属于属性词的是（　　）。
   A. 韩都衣舍　　　　　B. 雪纺　　　　　　　C. 新款　　　　　　　D. 裙子

10. 以下关键词属于产品词的是（　　）。
    A. 乐扣　　　　　　　B. 塑料　　　　　　　C. 水杯　　　　　　　D. 便携

11. 卖点提炼法则FABE中F是指（　　）。
    A. 特征　　　　　　　B. 作用　　　　　　　C. 优势　　　　　　　D. 益处

12. 下列信息中，哪项不属于宝贝基本信息？（　　）
    A. 宝贝属性　　　　　B. 使用说明　　　　　C. 宝贝数量　　　　　D. 宝贝图片

13. FABE 法则中 A 代表（　　）。

A. 特征　　　　　　　B. 优点　　　　　　　C. 利益　　　　　　　D. 证据

二、多选题

1. 商品发布的核心内容主要包括商品标题撰写和（　　）。

A. 商品图片优化　　　B. 商品属性填写　　　C. 商品卖点提炼　　　D. 商品详情页设计

2. 标题撰写时（　　）情况需要避免。

A. 滥用关键词

B. 使用极限词

C. 使用别人的品牌词

D. 关键词选取越少，覆盖的用户群体越精准，推广效果越好

3. 人群画像分析主要是从哪几个方面入手？（　　）

A. 静态属性　　　　　B. 动态属性　　　　　C. 消费属性　　　　　D. 心理属性

4. 卖点提炼可以从哪些角度思考提炼？（　　）

A. 卓越的商品品质　　B. 显著的商品功效　　C. 优越的性价比　　　D. 商品的特殊属性

E. 完善的商品服务　　F. 著名的商品品牌

三、判断题

1. 发布宝贝时，如果要发布自创品牌，就需要填写品牌信息，进行品牌申请。（　　）

2. 编写宝贝标题时，宝贝标题字数可以多于 30 个字，尽量详细写清宝贝所有属性。（　　）

3. 商品详情页由商品图片、商品价格和商品详情描述组成。（　　）

4. 宝贝标题只给搜索引擎看。（　　）

5. 商品标题中不能使用"特效""神效"等违禁词。（　　）

6. 发布宝贝过程中编写宝贝标题时不能多于 30 个汉字。（　　）

7. 淘宝平台标题栏只允许输入汉字，不允许输入英文字母。（　　）

8. 商品标题一般由核心词、属性词、营销词等关键词组成。（　　）

9. 商品宝贝有不同颜色时，制作主图时要进行测款，一般选用点击率高的图片作为主图。（　　）

四、简答题

试从商品材料、商品功能、商品设计、商品形象等方面为某款眼镜产品提炼卖点。

03 项目三
网店装修

项目目标

1. 设计店铺版面色彩和布局。
2. 设计并上传店铺个性动态店标。
3. 设置店铺个性海报。

任务1　网店装修之店铺设计

目标要求

知识目标	1. 掌握店铺整体风格设计的方法。 2. 掌握店铺模块设置方法。
技能目标	1. 能依据店铺自身的情况进行店铺整体风格规划和色彩设置。 2. 能根据整体风格设置店铺模块。
素养目标	1. 引导学生形成对市场需求变化的敏感度。 2. 发现自我潜能，激发学生创新、创业热情，提升职业价值感。
思政目标	1. 培养学生帮助家乡、助力农民的爱国情怀。 2. 培养学生反复思辨、求真求实的精神。

任务内容

助农线上店铺的产品梨膏糖、莲子等已经上架，店铺也已经创建，本次课的任务是对店铺进行装修设计。

任务辅助资源

项目任务指导书、学习通教学资源库（微课、试题、案例、动画视频等）、助农产品实物、产品介绍视频、图片资料。

一、网店店铺设计的概念

网店店铺设计是指对网店整体视觉形象、页面布局、交互体验等方面进行的规划与设计。它涵盖了从店铺 Logo、色彩搭配、字体选择到页面布局、导航设计、交互元素等多个方面的设计内容。网店店铺设计不仅关乎店铺的外观和形象，更直接关系顾客的购物体验和对店铺的信任感。

在网店店铺设计中，设计师需要综合考虑店铺的品牌定位、目标受众、产品特性等因素，通过巧妙的设计手法，将店铺的独特魅力和价值传递给顾客。同时，设计师需要关注网页的加载速度、兼容性以及用户体验等方面内容，确保顾客能够流畅、便捷地浏览和购买商品。

二、网店店铺设计的意义

1. 提升品牌形象

精心设计的网店店铺，可以展现出店铺的专业性、品质感和独特风格，从而提升品牌形象和知名度。一个具有吸引力的网店店铺设计能够让顾客对店铺产生好感，进而提高购买意愿和忠诚度。

2. 提升购物体验

良好的网店店铺设计能够提升顾客的购物体验。合理的页面布局、清晰的导航设计、便捷的交互元素等都能让顾客更加轻松地找到所需商品，完成购买流程。同时，美观的页面设计和舒适的视觉体验能够让顾客在购物过程中感到愉悦与满足。

3. 提高转化率

优秀的网店店铺设计有助于提高转化率，即将浏览者转化为购买者的比例。优化页面设计、强调商品卖点、提供便捷的购买方式等手段，可以吸引更多顾客的注意力，激发他们的购买欲望，从而提高销售额和利润。

4. 增强市场竞争力

在竞争激烈的电商市场中，一个出色的网店店铺设计可以让店铺脱颖而出，吸引更多潜在顾客。通过独特的设计风格和创新的交互方式，店铺可以在众多竞争对手中脱颖而出，增强市场竞争力。

综上所述，网店店铺设计对于提升品牌形象、提升购物体验、提高转化率和增强市场竞争力等方面具有重要意义。因此，对于电商从业者来说，重视网店店铺设计并投入足够的资源和精力进行规划与实施是非常必要的。

（1）店铺风格。

店铺风格是指店铺的整体形象给浏览者的综合感受。

设计整体风格不仅能让店铺与众不同，还能让用户记忆深刻。

（2）店铺风格设计步骤。

①明确店铺特色。

②明确用户特点。

三、网店店铺设计的原则

网店店铺设计不仅是视觉上的呈现，更涉及用户体验、品牌形象、功能实现等多个方面。因此，在进行网店店铺设计时，需要遵循一系列原则，以确保设计既美观又实用。以下是网店店铺设计的几个关键原则。

1. 用户友好原则

用户友好原则是网店店铺设计的核心。设计应始终围绕用户的需求和习惯进行，确保用户能够轻松、快捷地找到所需信息并完成购物流程。具体来说，包括以下几个方面。

（1）清晰的导航结构：设计简洁明了的导航栏，分类清晰，便于用户快速定位到所需商品或页面。

（2）易于阅读的页面布局：合理安排文字、图片和其他元素的位置，确保页面内容易于阅读和理解。

（3）明确的购买流程：简化购物流程，减少不必要的步骤和跳转，提高用户购买转化率。

2. 一致性原则

一致性原则要求网店店铺设计在视觉风格、布局方式、交互元素等方面保持统一。这有助于增强用户对店铺的认知和记忆，提升品牌形象。具体表现为以下几个方面。

（1）统一的色彩和字体：店铺整体使用统一的色彩搭配和字体风格，形成品牌特色。

（2）统一的布局和排版：页面布局和排版方式应保持一致，避免给用户带来混乱感。

（3）统一的交互效果：按钮、链接等交互元素的样式和效果应保持一致，提高用户体验。

3. 美观性原则

美观性原则强调网店店铺设计应具有审美价值，能够吸引用户的眼球并提升品牌形象。这需要设计师具备良好的审美能力和创意，通过巧妙的设计手法实现以下目标。

（1）独特的视觉风格：形成独特的视觉风格，与竞争对手区分开来，提升品牌辨识度。

（2）精美的图片和图标：使用高质量的图片和图标，展示商品的细节和特色，提升用户购买欲望。

（3）和谐的色彩搭配：运用色彩心理学原理，选择适合店铺主题和品牌形象的色彩搭配，营造舒适、和谐的视觉氛围。

4. 可访问性原则

可访问性原则关注的是网店店铺设计应确保所有用户都能够方便地访问和使用。这涉及对不同设备、浏览器和网络的兼容性处理，以及为特殊用户提供无障碍访问支持。具体做法包括以下几个方面。

（1）响应式设计：采用响应式设计技术，确保网店店铺能够在不同设备和屏幕尺寸上良好地显示与使用。

（2）优化加载速度：优化网页加载速度，确保用户在不同网络环境下都能快速访问店铺。

（3）提供无障碍访问支持：为视障、听障等特殊用户提供无障碍访问支持，如提供文字描述、语音提示等功能。

5. 灵活性原则

灵活性原则是指网店店铺设计应具有一定的灵活性和可扩展性，以适应未来业务发展和市场需求的变化。这要求设计师在设计过程中考虑到店铺可能的扩展和变化，预留足够的空间和接口。具体表现为以下几个方面。

（1）模块化设计：采用模块化设计思想，将页面拆分为多个可重用的模块，便于后续维护和更新。

（2）可扩展的架构：设计可扩展的店铺架构，支持未来新增功能和页面的接入。

（3）数据驱动的设计：基于数据分析和用户反馈，不断优化和调整设计，提升用户体验和转化率。

网店店铺设计需要遵循用户友好、一致性、美观性、可访问性和灵活性等原则。这些原则相互关联、相互补充，共同构成了网店店铺设计的基石。在实际设计过程中，设计师应根据具体需求和情境灵活运用这些原则，创造出既符合品牌形象又满足用户需求的优秀网店店铺设计。

四、色彩设计

网店店铺的视觉设计色彩搭配与运用是提升品牌形象、吸引顾客注意力并增强购物体验的关键因素。以下是一些关于色彩搭配与运用的建议。

1. 色彩搭配原则

品牌一致性：选择与品牌形象和风格相符的色彩，确保网店整体风格与品牌一致，给人留下统一的印象。这有助于提高品牌的辨识度和记忆度。

情绪与情感传达：不同的色彩可以引起不同的情绪和情感。选择适合产品特点和目标受众的色彩，以传达所需的氛围和情感。例如，暖色调可以营造温馨舒适的购物环境，而冷色调则可能带来科技感或专业感。

对比度与可读性：确保色彩搭配具有足够的对比度，以突出关键信息和提高可读性。避免使用过于刺眼或混乱的色彩组合，以免给顾客带来视觉疲劳。

2. 色彩运用技巧

主色调与辅助色彩：明确主色调，并在此基础上运用辅助色彩进行点缀和补充。主色调通常占据较大面积，用于营造整体氛围；而辅助色彩则用于突出重点或增加层次感。

色彩对比：通过运用冷暖对比、明暗对比或互补色对比等手法，吸引顾客的注意力并提高产品的吸引力。对比鲜明的色彩组合可以使产品更加突出和引人注目。

考虑目标受众：不同的顾客群体对色彩的接受程度和偏好有所不同。因此，在色彩搭配与运用时，要充分考虑目标顾客的特点和喜好。例如，年轻人可能更喜欢鲜艳活泼的色彩，而中老年人则可能更偏爱稳重内敛的色调。

3. 常见色彩搭配

清新自然风格：采用绿色、蓝色等自然色调，营造清新舒适的购物环境。适用于售卖环保产品、家居用品等商品的店铺。

科技感十足：采用蓝色、银色等冷色调，突出科技感和高品质感。适用于售卖电子产品、智能设备等商品的店铺。

温馨浪漫风格：采用粉色、红色等暖色调，营造温馨浪漫的购物氛围。适用于售卖女装、饰品等女性用品的店铺。

4. 注意事项

避免过度使用色彩：过多的色彩可能会使网店显得杂乱无章，降低顾客的购物体验。因此，在运用色彩时，要注意适度、简洁。

保持整体协调性：色彩搭配应保持整体的协调和平衡，避免出现突兀或不和谐的色彩组合。

网店店铺的视觉设计色彩搭配与运用需要遵循一定的原则和技巧，并结合目标受众和产品特点进行灵活运用。通过合理的色彩搭配与运用，可以营造出独特的品牌形象和购物氛围，提升顾客的购物体验并促进销售。

5. 店铺色彩设计

（1）观察人民币配色图片，搜索同类店铺的网页，分析其色彩设计的特点。

图 3.1　人民币配色

（2）店铺装修色彩设计的原则：保持页面外观统一，色彩搭配有主次，尽量控制在 3 种色彩以内。

（3）开展色彩联想，写下你想到的产品（莲子、梨膏糖）的哪种色彩。

产品色彩联想：_____

（4）小组讨论确定店铺的 3 种主色调。

店铺的主色调：_____

五、字体规划

网店店铺的字体与排版设计是塑造品牌形象、提升顾客体验以及促进销售转化的关键要素。在字体选择、排版布局以及文字与图片的结合上，都需要精心地策划与实施。

1. 字体设计

字体设计是网店店铺视觉呈现的重要组成部分。字体的风格应与店铺的整体风格、品牌形象以及产品特点相协调。例如，如果店铺定位是高端、优雅的品牌，那么字体应该选择简洁、大气、具有现代感的字体；如果店铺主打的是年轻、时尚的商品，那么字体可以更加活泼、富有个性。此外，字体的可读性和辨识度也是需要考虑的因素，确保顾客能够轻松阅读并理解店铺的信息。

选择辨识度较高的字体。字体不超过3种，选择易读性比较高的字体，尽量使用简单、协调的字体组合。所有字体需要获得正规授权后方可使用。消费者浏览页面的时间很短暂，因此要大胆将主标题等需要强调的内容放大，适当地搭配色彩或者效果，次要文字信息适当缩小，让需要强调的部分看起来巨大醒目，瞬间抓住核心内容与卖点。

2. 排版设计

在排版设计上，需要注重页面的整体布局和文字的排列方式。一般来说，排版设计应遵循简洁明了、重点突出的原则。通过合理的布局和排版，可以使页面更加美观、易于浏览，同时突出店铺的重点信息和特色产品。例如，可以采用分栏式布局，将不同类别的商品分栏展示，方便顾客查找；也可以运用对比和层次的手法，通过字体大小、颜色、粗细等差异，突出重要信息和促销内容。

同时，文字与图片的结合是字体与排版设计中不可忽视的一环。文字与图片的搭配应该相互补充、相得益彰。文字可以解释图片的内容，图片则可以增强文字的视觉效果。在搭配时，要注意保持整体的协调性和一致性，避免出现风格不搭或视觉冲突的情况。

文字色和背景色的搭配。结合背景色为字体选择同一色系的不同色调，这样既可以保持整体配色的一致性，又可以凸显文字的易读性和辨识度。字体颜色不宜太多，建议不超过3种。

此外，为了提升顾客的购物体验，还可以在字体与排版设计中加入一些交互元素。例如，可以设计一些有趣的动画效果或鼠标悬停效果，吸引顾客的注意力并提高页面的互动性。网店店铺的字体与排版设计是一项综合性工作，需要综合考虑品牌形象、商品特点、顾客体验等多方面内容。通过精心的设计和实施，可以打造出一个美观、易用、具有吸引力的网店店铺，为店铺的销售和发展提供有力支持。

3. 店铺字体规划

（1）回顾本店铺目标用户画像特征，将店铺形象人格化。

请用一种动物来比喻你的店铺：＿＿＿＿＿＿＿＿＿＿＿＿＿＿＿＿＿＿＿＿＿＿＿＿＿＿

＿＿

（2）结合店铺字体案例，分析不同店铺针对用户人群如何选用不同字体。小组讨论确定本店铺字体。

本店铺字体：＿＿＿＿＿＿＿＿＿＿＿＿＿＿＿＿＿＿＿＿＿＿＿＿＿＿＿＿＿＿＿＿＿＿

＿＿

图3.2　常用字体

六、页面布局规划

网店页面布局规划是确保顾客在浏览时能够流畅、舒适地获取所需信息，并提升购物体验的关键环节。以下是一些关于网店页面布局规划的建议。

1. 首页规划

（1）店铺招牌与导航栏：店铺招牌应突出品牌特色，导航栏应简洁明了，包含主要的商品分类和页面链接，便于顾客快速找到所需内容。

（2）轮播图与促销活动：首页顶部可以设置轮播图，展示店铺的最新活动、热销商品或特色产品；同时，可以设立专门的促销区域，突出优惠信息，吸引顾客。

2. 商品展示区

（1）分类展示：根据商品类别设置不同的展示区域，方便顾客按照需求浏览。可以采用列表式或网格式布局，确保商品信息清晰、整齐。

（2）商品详情页：每个商品应设置单独的详情页，包含商品图片、描述、规格、价格等详细信息。同时，可以加入用户评价、相关推荐等功能，以提升购物体验。

3. 侧边栏与底部栏

（1）侧边栏：可以放置客服入口、购物车、收藏夹等常用功能，方便顾客随时与店铺沟通或查看已选商品。

（2）底部栏：底部栏通常包含店铺介绍、联系方式、支付方式等信息，确保顾客在浏览过程中能够随时了解店铺的基本情况和购物保障。

4. 响应式设计

考虑不同设备和屏幕尺寸的浏览需求，应采用响应式设计，确保网店页面在各种设备上都能良好地显示和使用。

页面布局应简洁明了，避免过多的广告和弹窗干扰顾客浏览。同时，应确保页面的交互性良好，如搜索功能、筛选功能等应易于使用且准确高效。通过以上规划，可以打造出一个布局合理、功能完善、体验良好的网店页面，提升顾客的购物体验和满意度，从而促进店铺的销售和发展。

5. 店铺装修模块设置

各小组进入淘宝店铺后台，进行店铺装修模块设置的主要操作。

（1）进入卖家中心，单击"店铺装修"按钮，进入店铺装修界面。

（2）单击"模板管理"按钮，进入官方模板的选择画面。

（3）通过"可用的模板"选择其中一个模板，单击"马上使用"按钮。

（4）通过"页面"中的列表，选择需要装修的页面，如首页、详情页等。

（5）确定店铺的样式，设置该页面的配色、页头背景、页面背景。

（6）单击"模块"按钮，确定模块的尺寸。选定模块，按住鼠标，将该模块拖曳到页面右侧编辑区。

（7）单击模块右上角的"编辑"按钮，对模块进行编辑。

（8）编辑好各个模块后，单击页面最右上角的"预览"按钮，再单击"发布站点"按钮，即可完成店铺页面的装修。

各小组根据步骤操作店铺整体模块设计与配色设计，在选择模板的时候，注意所选模板与自己店铺类目的匹配程度。在装修店铺前，应先收集好店铺装修的素材。

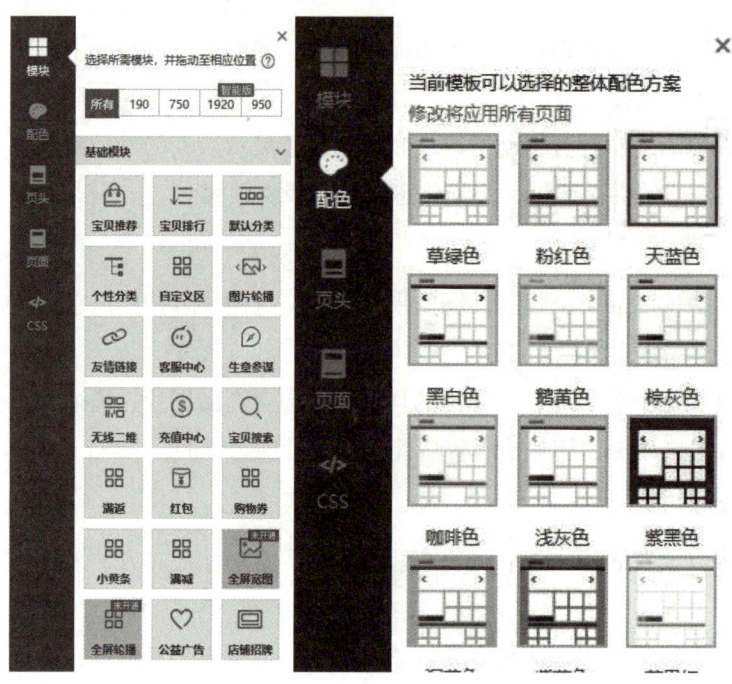

图3.3　店铺装修模块

七、任务评价

（1）各小组在网络教学平台上传本店铺页面预览图，小组相互评分。

（2）网络教学平台选取2组优秀作品，分享设计过程中的心得体会。

表3.1　任务评价

指标	标准	分值
整体设计	统一，页面整体设计风格统一，内容完整	20分
	独特，页面设计风格独特，体现店铺商品特色	20分
色彩设计	协调，色彩选择符合商品特性，色调协调，色彩搭配有主次	20分
字体设计	规范，字体设计符合商品特性，字体风格统一	20分
团队合作	合作，团队成员知识、能力、性格互补，职能岗位分工明确	20分

项目三 网店装修 03

任务 2　网店装修之页面制作

目标要求

知识目标	1. 掌握网店页面装修方法。 2. 掌握网店店招设计和海报设计的规范与要求。
技能目标	1. 能依据店铺自身的情况设置店铺首页。 2. 能依据平台规范设计店招和海报。
素养目标	1. 形成对市场需求变化的敏感度。 2. 发现自我潜能，激发创新、创业热情，提升职业价值感。
思政目标	1. 培养反复思辨、求真求实的精神和守信守规的道德。 2. 培养创新创业意识，增强学生的市场竞争意识，培养学生树立双赢、共赢的商业思维。

任务内容

助农线上店铺的梨膏糖、莲子等商品已经上架，店铺整体模块已经设置完成，本次课的任务是制作店铺首页。

先导任务

（1）观察三只松鼠店铺商品主页，观察其页面设置和 Flash 轮播效果，思考网店页面包括哪些部分？

图 3.4　三只松鼠店铺主页

（2）做好网店页面设计的准备工作，准备店铺页面设计、店招设计相关图片资料。思考页面各部分设置的最终目的是什么？

店铺首页设计是网店运营中至关重要的一环，它不仅是店铺形象的展示窗口，更是吸引顾客、提升购物体验的关键。一个成功的店铺首页设计能够准确传达店铺的品牌理念和特色，吸引目标顾客群体，提高转化率。

一、店铺首页设计内容

1. 风格定位

在进行店铺首页设计时，首先要明确店铺的定位和目标受众。根据店铺的品牌形象、商品特点和市场定位，确定首页的整体风格和色彩搭配。例如，如果店铺主打高端、奢华的产品，那么首页设计可以采用豪华、大气的风格，运用金色、黑色等高贵色调；如果店铺定位年轻、时尚，则可以选择更加活泼、鲜明的色彩，营造轻松愉快的购物氛围。

2. 页面布局

在布局方面，店铺首页需要做到清晰、简洁、易于导航。一般来说，可以将首页划分为多个模块，如店铺招牌、导航栏、轮播图、商品分类展示、促销活动区等。每个模块都应有明确的功能和目的，且布局合理，方便顾客快速找到所需信息。

3. 店铺招牌

店铺招牌是首页的重要组成部分，它不仅是店铺的标识，也是品牌形象的展示。因此，在设计店铺招牌时，要注重其独特性和辨识度，使其能够在众多店铺中脱颖而出。同时，招牌的设计要与店铺的整体风格相协调，保持一致性。

4. 导航栏

导航栏是顾客浏览店铺的重要指引，应简洁明了，包含主要的商品分类和页面链接。合理的分类和布局，能让顾客轻松找到所需的商品或信息。

5. 轮播图

轮播图可以展示店铺的最新活动、热销商品或特色产品，吸引顾客的注意力。在设计轮播图时，要注重图片的质量和视觉效果，同时确保文字描述简洁明了，能够准确传达信息。

6. 商品分类展示区

商品分类展示区是店铺首页的核心部分，它展示了店铺的主要商品。在设计时，要注重商品的排列和展示方式，使其既美观又易于浏览。同时，可以加入一些交互元素，如鼠标悬停放大图片、点击查看详情等，提升顾客的购物体验。

此外，促销活动区也是首页设计中不可忽视的一部分。通过设置专门的促销区域，展示优惠信息、限时折扣等，可以有效吸引顾客的关注和激发顾客的购买欲望。在细节处理上，店铺首页设计还需注意字体、配色、图片等元素的选择和搭配。字体要清晰易读，配色要协调统一，图片要高质量且与店铺风格相符。

总之，店铺首页设计是一个综合性的工作，需要综合考虑品牌形象、目标受众、产品特点等多个方面。精心的规划和设计，可以打造一个既美观又实用的店铺首页，为店铺的销售和发展提供有力支持。

二、店招制作

1. 店招概念

网店店招是网店形象的重要组成部分,它不仅是店铺的标识,更是吸引顾客、传递品牌信息的关键。一个优秀的店铺招牌设计能够突出店铺特色,提升品牌认知度,从而提高顾客的信任感和购买意愿。

店招四大内容:品牌名称、品牌广告语、视觉营销点、关注收藏店铺/点击购买。

2. 店招设计理念

在设计网店店铺招牌时,第一,要考虑其与品牌形象的一致性。招牌的设计应该与店铺的整体风格、色彩搭配以及品牌定位相符合,以确保顾客在看到招牌时能够立即联想到店铺的品牌形象。

第二,招牌要具有独特性和辨识度。在众多网店中,一个独特且易于记忆的招牌能够帮助店铺脱颖而出,吸引顾客的注意力。因此,设计师可以通过运用独特的字体、图案或色彩搭配,创造出具有辨识度的招牌形象。

第三,招牌的文字内容要简洁明了。文字应包含店铺的名称或核心信息,以便顾客能够迅速了解店铺的基本信息。避免使用过于复杂或冗长的文字描述,以免让顾客感到困惑或失去兴趣。

第四,招牌的尺寸和位置需要考虑。招牌应该具有足够的尺寸,以便在网店页面上清晰显示。同时,招牌的位置要显眼,通常放在店铺页面的顶部或显眼位置,以便顾客能够快速找到并识别。

第五,随着移动互联网的普及,店铺招牌在不同设备和屏幕上的显示效果需要考虑。设计师需要确保招牌在不同分辨率和屏幕尺寸下都能保持清晰度与美观度,以便顾客在各种设备上都能获得良好的浏览体验。

网店店铺招牌设计需要综合考虑品牌形象、独特性、文字内容、尺寸位置以及显示效果等多个方面。通过精心的设计,可以打造出一个既符合品牌形象又具有辨识度的店铺招牌,为店铺的销售和发展提供有力支持。

3. 店铺店招设计

(1)设计店招前,先收集好店招四大内容的相关素材。设计店招的时候,注意店招与店铺类目的匹配程度。

(2)制作店招,店招尺寸大小为950×120像素,如果加上导航条则为950×150像素,全屏店招需要1920×120像素。

(3)店招图片先上传到图片空间,具体流程:千牛工作中心—图片空间—新建文件夹。

(4)寻访百店将店招图加入链接:新建热区方案—复制千牛工作中心店招图片链接—选择需要添加链接的热区。

(5)链接添加完成后保存—获取代码源代码—店铺装修首页自定义招牌—粘贴数据代码并保存。

(6)添加店招页头背景:页头—页头背景图—更换。

三、海报制作

网店店铺海报是电商营销中不可或缺的一部分，它们不仅能吸引顾客的注意力，还能有效地传达店铺的品牌形象、促销信息以及商品特点。

1. 网店店铺海报设计的要点

（1）明确设计目标。

在设计海报之前，首先要明确设计目标，是为了推广新产品、宣传促销活动，还是为了提升店铺品牌形象？不同的目标需要不同的设计策略和内容。

（2）突出主题与重点。

海报的主题应该明确、突出，能够迅速抓住顾客的眼球。可以通过使用大胆的色彩、醒目的字体或独特的图形来突出主题。同时，要确保海报中的重点信息一目了然，避免信息过于复杂或混乱。

（3）保持风格统一。

海报的设计风格应与店铺的整体形象保持一致，包括色彩、字体、排版等。这有助于提高店铺的品牌识别度，让顾客在看到海报时能够立即联想到店铺。

（4）创意与美观并重。

创意是海报设计的灵魂，但美观同样重要。设计师需要运用创意思维，将店铺的品牌理念、产品特点与美观的设计元素相结合，打造出既吸引人又具有艺术感的海报。

（5）注重文字与图片的搭配。

海报中的文字和图片应该相互补充、相得益彰。文字要简洁明了，能够准确传达信息；图片要高质量、清晰，能够展示产品的特点。同时，要注意文字和图片的排版布局，确保整体视觉效果协调美观。

（6）利用色彩与对比。

色彩是海报设计中非常重要的元素。可以根据店铺的品牌形象和海报主题选择合适的色彩搭配。同时，利用对比手法可以突出海报中的重点信息，吸引顾客的注意力。

（7）响应式设计。

考虑不同设备和屏幕尺寸的浏览需求，海报设计应采用响应式布局，确保在各种设备上都能良好地显示和阅读。

总之，网店店铺海报设计需要结合店铺的品牌形象、商品特点以及营销目标来制定具体的设计策略。巧妙的创意和精心的设计，可以打造出既吸引人又具有实效性的海报，为店铺的销售和发展提供有力支持。

2. 店铺海报设计

（1）首页 banner 的选图要点：图片一定清晰明了，使客户一眼看上去就知道到底在卖什么，要表达什么，图片上的文案要短而精练，突出重点。

（2）海报设计的主要操作步骤。

①准备 banner 图片。

②图片空间新建文件夹。

③装修页面添加自定义模块。

④moban.cn—PC装修工具—万能热区。

⑤复制图片空间图片地址到背景图地址。

⑥热区—框选图片—商品链接到链接地址。

⑦导出代码—复制代码—自定义模块（代码模式）—粘贴代码—确定。

（3）小组合作，登录淘宝平台千牛卖家中心，进入店铺装修界面，设计制作海报，依据操作流程为店铺海报添加链接并上传店铺页面。

四、成果展示

（1）展示本店铺首页链接，各小组相互评分。

（2）选取2组学生展示首页页面，分享店招、海报设计过程中的心得体会。

表 3.2 任务评价

指标	标准	分值
整体设计	统一，页面整体设计风格统一，内容完整	20 分
	独特，页面设计风格独特，体现店铺产品特色	20 分
店招设计	简明，店招图片简明，加入相关链接	20 分
海报设计	酷炫，海报图片有吸引力，突出店铺特色，加入相关链接	20 分
团队合作	合作，团队成员知识、能力、性格互补，职能岗位分工明确	20 分

项目三小结

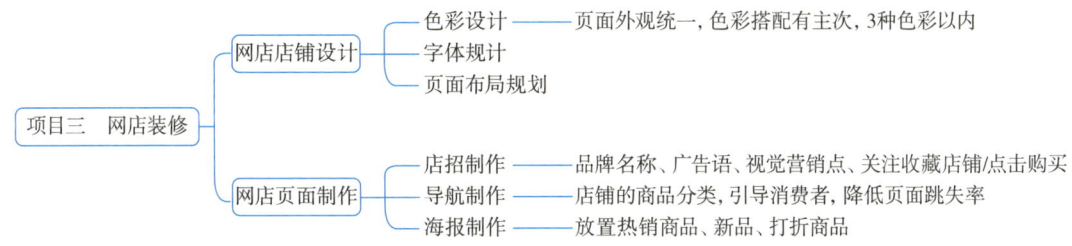

项目三测试

一、单选题

1. 如果需要设计淘宝店标的 Logo，需要的尺寸是（　　）。

A. 50×80 像素　　　B. 120×120 像素　　　C. 80×30 像素　　　D. 80×80 像素

2. banner 的最主要功能是（　　）。

A. 突出企业形象　　B. 信息传达　　C. 美化版面设计　　D. 树立企业形象

3. 制作页面时，文字的排版将直接影响整体设计，其中内文的使用（　　）。

A. 可任意使用字体　　　　　　　　B. 只能使用 2 种字体

C. 字体不能超过 3 种　　　　　　　　　　D. 字体不能超过 5 种

4. 以文字为主要表现方式的海报的特点是（　　），直观可读，被广泛应用。

A. 直接表现　　　　　　　　　　　　　B. 形象

C. 信息明确　　　　　　　　　　　　　D. 产生直觉记忆效果

5. 优秀的店标设计，除应具备（　　）这一店标基本功能外，还应具备艺术性和科学性。

A. 普识性　　　　B. 介绍性　　　　C. 识别性　　　　D. 传播性

二、多选题

1. 下列属于网店店招组成部分的是（　　）。

A. 店铺名称　　　　B. 店铺口号　　　　C. 店铺 Logo　　　　D. 促销活动

2. 装修店铺需要遵循一定的规则，下列描述正确的是（　　）。

A. 淘宝支持的店招图片格式为 GIF/JPG/PNG

B. 店招图片的默认尺寸为 950×120 像素，大于该尺寸的部分将被裁剪掉

C. 自定义尺寸可以制作成全屏通栏的尺寸，即 1920×150 像素

D. 淘宝店招的图片大小不能超过 100KB

3. 下列选项中，属于常见的 banner 图布局形式的是（　　）。

A. 右图左字构图　　　　　　　　　　　B. 左图右字构图

C. 两边图中间字构图　　　　　　　　　D. 中间字两边图构图

4. banner 构图分类包括（　　）。

A. 两栏结构　　　　B. 三栏结构　　　　C. 上下结构　　　　D. 组合结构

5. 下列属于网店装修作用的是（　　）。

A. 提升品牌形象，提升信任度

B. 提升商品品质，增强用户体验，提高易用性

C. 增加访问页面数

D. 增加停留时间

6. 网店店标包含的基本元素有（　　）。

A. 中/英文店铺名称　　　　　　　　　　B. 符合店铺定位的形式表现

C. 执行标准　　　　　　　　　　　　　D. 品牌广告语

7. 怎样设计店标才能更有价值？（　　）

A. 必须有一定的寓意　　　　　　　　　B. Logo 颜色必须准确

C. 定位准确　　　　　　　　　　　　　D. 易于传播

三、判断题

1. banner 宽度只有 750 像素和 950 像素两种可选尺寸。（　　）

2. 自定义页面就是由店主自行设计的页面。（　　）

3. 商品详情页由商品图片、商品价格和商品详情描述组成。（　　）

4. 店标一旦确定下来，就不应随意改动。因为店标是最具有信息传达功能的视觉元素，长期使用固定店标有利于店铺的宣传，加深消费者对店铺的印象。（　　）

5. 广告图设计中过于修饰的形式会减弱传达，过多细节会对主题造成干扰。（　　）

项目四 站内推广

项目目标

1. 掌握各种站内搜索推广方式，能依据店铺情况设计并实施站内推广方案。
2. 掌握站内搜索引擎推广的基本原理，能依据商品情况实施搜索引擎优化。
3. 掌握关键词推广操作方法，能熟练制订并实施关键词推广计划。
4. 掌握精准人群推广方法和要求，能熟练制订并实施精准人群推广计划。
5. 掌握淘宝客推广操作流程，能熟练制订并实施淘宝客推广计划。

任务1 站内推广之策划

目标要求

知识目标	1. 熟悉各种站内推广方式。 2. 掌握站内推广策划方案的基本要素。
技能目标	1. 能列举站内推广的方式方法。 2. 能撰写要素齐全的站内推广方案。
素养目标	1. 培养反复思辨、求真求实的精神。 2. 发现自我潜能，激发创新、创业热情，提升职业价值感。

任务内容

前期店铺已完成装修，店铺产品已上架，本项目任务需要依据店铺产品特征及目标人群特点开展站内推广策划，制订并实施关键词、精准人群、淘宝客等推广计划。

辅助资源

百度指数、百度统计、百度移动统计、百度风云榜、百度预测、百度问卷、问卷星、腾讯问

卷、问卷网、艾瑞调研、友盟、阿里指数、阿里巴巴（1688.com）、关键词推广工具、淘宝客推广工具。

一、淘宝站内推广

1. 站内推广方式

淘宝站内推广是淘宝店铺提高曝光度、吸引流量、增加销量的重要手段。以下是一些常见的淘宝站内推广方式。

（1）搜索引擎优化（SEO）。

通过精准选择关键词，优化商品标题、描述和属性，提高商品在淘宝搜索结果中的排名，从而吸引更多潜在买家。

（2）关键词推广。

淘宝关键词是一种付费推广方式，通过投放广告位，提高商品曝光度。卖家可以根据预算和效果调整投放策略，实现精准营销。

（3）精准人群推广。

通过淘宝关键词平台，将广告展示在淘宝首页、搜索页和相关店铺里，提高商品的曝光度和点击率。

（4）内容推广。

淘宝内容推广包括淘宝客推广、直播推广、短视频推广等。淘宝直播是近年来兴起的推广方式，卖家可以通过直播向粉丝展示商品、讲解使用方法、回答问题等，激发用户参与感和购买欲望。直播期间，可以设置一些限时优惠、赠品等，促进用户购买。短视频与图文推广是利用淘宝平台上的短视频和图文功能，发布商品使用教程、搭配建议等内容，提升商品的吸引力和转化率。老顾客维护与营销则通过会员制度、积分兑换、优惠券等方式维护老顾客关系，鼓励他们再次购买并分享给朋友，扩大店铺的影响力。

此外，还有一些其他的推广方式，如淘宝头条广告、淘宝联盟推广等，卖家可以根据自身店铺的特点和需求，选择合适的推广方式。

2. 站内推广步骤

在进行淘宝站内推广时，卖家主要开展以下工作。

（1）明确推广目标：在开始推广前，要明确推广的目标和预期效果，以便有针对性地制定推广策略。

（2）分析目标受众：了解目标受众的需求、兴趣和行为习惯，以便制定更符合他们需求的推广内容。

（3）优化商品与店铺：确保商品质量上乘、价格合理，店铺形象专业、服务周到，为推广打下坚实基础。

（4）定期调整策略：根据推广效果和市场变化，及时调整推广策略，保持推广活动的活力和有效性。

综上所述，淘宝站内推广需要卖家综合运用多种策略和方法，不断优化和创新，以实现提升店铺曝光度、吸引流量、增加销量的目标。

二、推广目标设定

1. 网店推广关键指标

网店推广中需要重点关注的关键指标有展现量、点击率、转化率等。

展现量是指商品展现出来被客户看到的次数。点击率是指店铺页面上被点击的次数与被展现次数之比。转化率则是指访问淘宝店铺并产生购买行为人数与访问店铺人数比率。

转化率 =（产生购买行为客户人数÷所有到达店铺访客人数）× 100%。

2. 目标设定原则

目标设定一般采用 SMART 原则，即目标必须是具体的（Specific）、可衡量的（Measurable）、可以达到的（Attainable）、与其他目标具有一定的相关性（Relevant）、有明确的截止期限（Time-bound）。例如，某淘宝店铺本月站内推广的目标是 30 天内通过关键词推广使店铺销售额达到 20 万元。

3. 推广目标设定

网店店铺站内推广目标通常有提高店铺曝光量、提高品牌知名度、提升销量、提高客户忠诚度等。思考本店铺站内推广的具体目标，并分析如果目标是提高店铺曝光量，可以用哪种指标来衡量？

表 4.1 推广目标设定

店铺目标	
衡量指标	
时间期限	

三、用户画像分析

1. 用户画像定位

制订推广计划时需要精准定位用户画像。用户画像分析在网店制订推广计划时能让推广更加精准、高效，还能发现新的商机。通过用户画像分析，网店能更精准地了解他们的目标用户群体。网店能根据用户的兴趣、需求和行为习惯，制定出更有针对性的推广策略。

用户画像分析还能帮助网店发现潜在的用户群体，通过分析现有用户的购买行为和偏好，可能会发现一些之前没注意到的新用户群体，从而扩大推广范围。

2. 用户画像分析

查询淘宝后台的生意参谋、流量解析和人群画像，明确店铺的目标用户和潜在用户身份标签：年龄、区域、消费习惯、消费水平等。依据本店铺用户画像分析，小组讨论本店铺适合的站内推广方式。

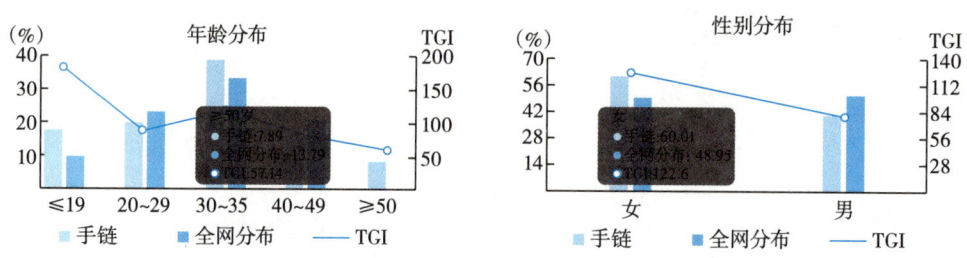

图 4.1　某产品用户画像

资源来源：百度指数。

四、竞品店铺观摩

1. 竞品店铺调查

了解行业趋势、市场需求、竞争对手情况等，有助于制定更有针对性的推广策略。主要调查竞品店铺的装修定位、品牌、人群、商品布局、流量结构、价格、卖点、主图详情、活动、推广方式、引流关键词、流量入口等信息。

2. 竞品店铺分析

明确竞品店铺的优势，并详细记录其站内推广具体情况。

表 4.2　竞品店铺分析

关键指标	竞品店铺情况
推广关键词	
流量入口	
推广方式	
产品卖点	
用户特征	

五、推广计划制订

1. 站内推广方式

站内推广的基本方式包括免费自然流量和付费推广 2 种。自然流量虽然免费但需要店铺搜索排名靠前才有效果。

付费推广主要有货品运营、关键词推广（原直通车）、精准人群推广（原引力魔方）、内容营销（直播短视频、淘宝客）等形式。精准人群推广主要按千次展现收费，简称 CPM。关键词推广按照点击收费，简称 CPC。内容营销按照成交收费，简称 CPS。

思考：不同的店铺是否都适合采用同样的站内推广方式。

图 4.2 站内推广方式

资源来源：淘宝平台千牛卖家中心。

2. 制订执行计划

站内推广计划的制订包括确定站内推广的投放时间、投放方式、投放预算、投放内容等。详细列出计划每一步的执行步骤和时间节点，确保计划的顺利实施。

3. 明确推广策略

推广策略的明确包括明确推广渠道、推广方式、推广预算等。例如，可以选择淘宝站内的关键词推广、精准人群推广、内容营销推广等方式。

小组合作，查找资料，进入店铺后台，获取店铺基本数据和竞品店铺情况。制作站内推广方案，要求方案目标可测可评，措施具体，有项目预算。小组讨论确定店铺推广计划并填入表4.3。

表 4.3 推广计划

计划要素	计划内容
推广目标	
投放时间	
推广方式	
推广产品	
推广措施	
推广预算	

六、任务评价

上传本店铺引流策划表格，各小组相互评分。展示引流策划方案，分享本店引流策划为什么采用目前的投放方式。

表 4.4 任务评价

指标	标准	分值
整体设计	要素齐全，方案要素齐全，有目标、有措施、有预算	20 分
	资料齐全，方案资料数据真实，调查过程全面	20 分
目标设计	可评可测，推广目标有具体指标，可用数值衡量	20 分
措施设计	具体实施，推广措施具体可实现，有预算	20 分
团队合作	分工合作，团队成员知识、能力互补，职能岗位分工明确	20 分

任务 2　站内推广之搜索推广

目标要求

知识目标	1. 熟悉各种站内搜索推广方式。 2. 掌握影响所有商品排序、人气排序的主要因素。
技能目标	1. 学会依据 SEM 原理优化店铺站内搜索关键词、标题。
素养目标	1. 养成客户服务意识和质量意识。 2. 发现自我潜能，激发创新、创业热情，提升职业价值感。
思政目标	1. 培养学生反复思辨、求真求实的精神和守信守规的道德。 2. 培养学生创新创业意识，增强学生市场竞争意识，培养学生树立双赢、共赢的商业思维。

一、站内搜索推广

淘宝站内搜索推广是淘宝店铺获取流量、提升销售的重要手段。以下是一些关键的淘宝站内搜索推广策略和方法。

1. 关键词优化

关键词是搜索推广的核心。首先，要对店铺的商品进行深入了解，确定其核心卖点和目标受众。其次，通过工具（如淘宝的关键词推荐工具）或平台寻找与商品相关的高热度和高转化率的关键词。在商品标题、描述和属性中合理地使用这些关键词，提高商品在搜索结果中的排名。

2. 商品详情页优化

除了关键词，商品详情页的质量也直接影响搜索推广的效果。详情页应包含清晰、美观的商品图片，详细且吸引人的商品描述，以及准确的商品属性。同时，要确保详情页的加载速度快，用户体验良好。

3. 提升店铺权重

店铺权重越高，商品在搜索结果中的排名就会越靠前。因此，要注重提升店铺的权重。这包括维护良好的店铺形象，提供优质的客户服务，及时处理客户反馈和投诉，以及积极参与淘宝的各种活动等。

4. 付费搜索推广

淘宝提供了付费搜索推广服务，通过投放广告，可以让商品在搜索结果中获得更高的曝光度。在使用付费搜索推广时，要合理设置预算和出价，同时不断优化广告内容和定位，提高广告的点击率和转化率。

5. 数据分析和优化

定期分析搜索推广的数据，包括关键词的搜索量、点击量、转化率等，找出效果好的关键词和策略，加大投入力度；对效果不佳的关键词和策略进行调整或优化。不断的数据分析和优化，可以优化搜索推广的效果和提高投入产出比。

需要注意的是，淘宝站内搜索推广是一个持续的过程，需要不断地调整和优化。同时，要遵守淘宝的规则和政策，避免使用违规手段进行推广。合理的策略和持续的努力，可以有效地提升店铺在淘宝站内的搜索排名和曝光度，从而增加流量和销售。

二、关键词优化

1. SEM 搜索引擎原理

商品搜索有 2 种主要的排序方式：人气排序和所有商品排序。所有商品排序中有按照价格从低到高或从高到低排序、销量从高到低排序、信用从高到低排序的选项，这些排序是以选项为前提的。

2. 人气排序影响因素

影响所有商品排序的主要因素有：搜索词的相关性、店铺是否存在搜索降权和橱窗推荐、商品上下架时间、消费者保障服务和动态评分等。

（1）相关性。

（2）搜索降权：虚假交易，换商品，重复铺货，广告商品，放错类目和属性，标题滥用关键词，SKU 作弊商品，价格不符，邮费不符，标题、图片、价格、描述等不符。

（3）橱窗推荐：卖家要珍惜橱窗推荐位，在搜索结果中，卖家橱窗商品会被优先排序。

（4）上架时间：购买人群最多的时间段在一天中的 10：00—12：00、15：00—17：00、20：00—22：00。正常情况下，周一到周五的消费者比周末要多。所以，如何安排商品上架时间，也成了一个有用的方法。

（5）消费者保障服务：简称"消保"，是将卖家支付宝内一定数额的资金冻结作为保证金，如果卖家不履行承诺，这部分资金则会直接由支付宝拨付给买家。

（6）动态评分：宝贝与描述相符、卖家的服务态度、物流服务的质量。

3. 关键词搜索

（1）通过淘宝站内搜索下拉框、流量解析等工具，查找与本商品相关度高并且是淘宝用户搜索频率较高的关键词。这些关键词将帮助你的商品在搜索结果中获得更高的排名。

（2）小组分工合作，采用不同工具查找与本店铺商品相关度高、搜索量高的 20 个关键词。

①通过在淘宝首页搜索框中输入商品词（如"莲子"），可以从搜索下拉框的衍生关键词中进行选择。

通过上述方法找 4 个关键词填入下行单元格			

②从商品的维度去选择和组合关键词，根据表 4.5 中提示填写。

表 4.5 商品关键词选择

产品维度	分类	关键词
品牌（各设 1 个关键词）	品牌名称	
	货号	
商品名称（各设 1 个关键词）	商品种类	
	商品符号	
商品细节解剖（各设 1 个关键词）	材质	
	颜色	
	图案	
目标人群（各设 2 个关键词）	精准定位	
	搜索习惯	
商品用途与保障（各设 2 个关键词）	基本功效	
	品质保证	
市场活动（流行元素设 1 个，其他设 2 个）	节日功用	
	促销	
	流行元素	

三、标题优化

（1）标题要简洁明了，突出商品的最大卖点（功效、品质、信誉、出价优势等），好的标题需要包含很多热搜关键词，而且商品标题匹配程度要高。

（2）请根据优化的原则，为此商品设定 2 个适合推广的标题。一个好的标题应该能够吸引用户的眼球并传达商品的核心信息。标题为 60 个字符。

标题 1	
标题 2	

四、商品描述优化

（1）商品描述不仅要详细介绍商品，还要再次强调关键词，帮助搜索引擎更好地理解你的商品。商品描述需要遵循一些基本要求，以确保买家能够全面了解商品的信息，并做出明智的购买决策。以下是一些关键的要点。

①详细性：商品描述需要提供详尽的信息，包括但不限于商品的材质、尺寸、颜色、用途、使用方法等。这有助于买家更好地了解商品，并决定是否需要购买。

②准确性：卖家应该准确地描述商品，不夸大其词，也不隐瞒关键信息。误导性的广告可能会导致买家对商品的期望过高或过低，影响买家的满意度。

③一致性：商品描述的信息应该与实际商品一致。如果商品有任何变化或更新，应及时更新描述，以避免引起误解或产生纠纷。

④语言清晰：商品描述应使用简单明了的语言，避免使用难以理解的术语或行话。良好的可读性有助于促进买家对商品的理解，同时可以提高购物体验。

⑤符合法律法规：商品描述不得违反任何法律法规，包括但不限于广告法、消费者权益保护法等。卖家应确保所有描述都符合相关规定，避免产生法律风险。

⑥使用标准计量单位：对于涉及尺寸或重量的商品，应使用国际标准的计量单位，如厘米、米、千克、磅等，以避免产生误解。

（2）小组分工合作，检查商品描述的详细性、准确性、一致性、合规性。

五、主图优化

（1）主图为一张清晰、美观的图片可以大大提高商品的点击率。

（2）主图优化的具体做法包括以下几点。

①突出商品：主图要突出商品本身，尽可能地让商品占据更大的展示空间，避免过多的背景、文字或装饰。商品主体清晰，占比高，可以一眼让消费者看清楚你卖的是什么。

②与关键词匹配：主图要与商品的主关键词、大流量词保持一致。尽量让主图与商品的主关键词，特别是成交词一致。这样可以提高点击率，让消费者更容易点击进入商品详情页。

③展示卖点：在主图上突出展示商品的卖点，这些卖点应该是消费者最关注的特点或优势。通过展示这些卖点，可以吸引那些正在寻找相关商品的消费者。

④使用高质量图片：确保主图具有足够高的清晰度和质量，以便消费者能够清楚地看到商品的细节和特点。如果图片质量差，则会影响消费者的购买决策。

⑤简洁明了：主图的设计应该简洁明了，避免过多的文字和复杂的图案。文字要简短、清晰、容易阅读。过多的文字和复杂的图案可能会分散消费者的注意力。

⑥突出品牌标识：如果商品有品牌标识，则可以在主图上适当地展示出来，这样可以提高消费者对品牌的认知度和信任感。

⑦对比和颜色调整：通过对比和颜色调整来突出产品，使商品在主图中更加显眼。例如，可以使用明亮的颜色或高对比度的背景来吸引消费者的注意。

（3）小组讨论，根据以上主图优化要点，分析本店铺商品主图优化思路，可选择表4.6中的3个要素进行优化。

表4.6 主图优化措施

优化要素	优化措施
突出产品	
关键词匹配	
展示卖点	
图片质量	
简洁明了	
品牌标识	
颜色对比	

六、成果展示

（1）上台展示、分享提升本店铺搜索权重的方式及具体做法，各小组相互评分。

（2）听取老师讲解优缺点，思考本小组搜索推广方案存在的问题。

表 4.7　任务评价

指标	标准	分值
整体设计	要素齐全，方案要素齐全，有目标、有措施、有预算	20 分
	资料齐全，方案资料数据真实，市场调查过程全面	20 分
目标设计	可评可测，推广目标有具体指标，可用数值衡量	20 分
措施设计	具体实施，推广措施具体可实现，有预算	20 分
团队合作	合作，团队成员知识、能力、性格互补，职能岗位分工明确	20 分

任务 3　站内推广之关键词推广

目标要求

知识目标	1. 熟悉关键词推广的原理和扣费计算方法。 2. 掌握关键词计划设置。
技能目标	1. 学会依据关键词推广原理设置关键词推广方案。
素养目标	1. 养成客户服务意识和质量意识。 2. 发现自我潜能，激发创新、创业热情，提升职业价值感。

任务内容

助农店铺已经完成装修，梨膏糖、莲子等商品已经上架，各小组需要对店铺商品进行推广，本次任务是开展关键词推广。

先导任务

1. 看一看

观看关键词推广基本原理介绍视频。

2. 学一学

（1）关键词是为淘系卖家量身定制的、按点击付费的效果营销工具，能实现商品的精准推广。

（2）关键词搜索推广原理：根据商品设置的关键词进行排名展示，按单击进行扣费。具体内容如下：

①卖家后台设置推广关键词和出价；

②卖家平台投放关键词；

③买家搜索关键词或浏览网页；

④推广商品获得展现；

⑤买家点击，实现商品销售。

一、关键词推广

关键词推广是淘宝为卖家量身定做的按点击付费的营销工具，旨在根据买家的喜好推广商品。

这种推广方式基于买家的搜索和浏览行为，只有当买家多次搜索并浏览某个商品时，该商品才会被推广至买家的眼前。

1. 关键词推广原理

关键词推广的原理是基于关键词和商品标题的匹配来进行精准推广。具体来说，卖家在淘宝后台平台选择需要推广的商品，并设定相应的关键词和推广位置等参数后，淘宝平台会根据这些设定将商品展示在搜索结果页或相关页面的广告位上。

当买家在淘宝进行搜索或浏览相关页面时，淘宝平台会根据买家的搜索或浏览行为和卖家设定的关键词进行匹配，将相关的推广商品展示给买家。如果买家对推广商品感兴趣，点击广告后进入卖家店铺，了解商品详情或直接购买商品，卖家就需要按照设定的出价向淘宝平台支付点击费用。

关键词推广的流量主要分为关键词流量和定向流量。关键词流量是通过关键词搜索匹配获得的流量，而定向流量则是基于淘宝平台的用户行为和购物偏好等数据，将广告展示给潜在的目标受众而获得的流量。

为了获得更好的推广效果，卖家需要深入了解目标受众的搜索习惯和购物需求，选择精准的关键词和合理的出价策略。同时，定期监控广告效果、优化商品详情页、提升店铺权重等措施可以帮助提升关键词推广的效果。总的来说，关键词推广的原理是通过关键词匹配和精准投放，将卖家的商品展示给潜在买家，以实现精准营销和提升销售的目标。

2. 关键词推广优势

关键词推广的优势在于，虽然它推广的是单个商品，但是能吸引买家进入店铺，进而提高买家的购买欲望。在使用关键词推广时，卖家可以通过深入了解目标用户的搜索习惯，选择精准的关键词来提高广告的点击率。同时，设定合理的预算、定期监控广告效果、优化商品详情页、参与促销活动以及定时调整广告策略都是提升关键词推广效果的关键。

关键词推广的效果显著，它可以帮助卖家快速打造"爆款"，培养次"爆款"，提升主要关键词排名，带动免费流量，并精准引流节省推广费。然而，为了获得更好的效果，卖家需要不断学习和掌握关键词推广的技巧，并根据实际情况进行调整和优化。

总的来说，关键词推广是一种强大而有效的营销工具，能够帮助淘宝卖家提高商品曝光度、吸引潜在买家、增加销售额。然而，它也需要卖家投入一定的时间和精力来进行管理与优化，以实现最佳的推广效果。

3. 关键词推广步骤

关键词推广的步骤主要包括以下几个方面。

（1）登录淘宝卖家中心：首先，卖家需要登录淘宝的卖家中心。

（2）进入关键词页面：在卖家中心的左侧，点击"营销中心"旁边的箭头，然后在打开的菜单中选择"我要推广"。在推广页面上，点击"淘宝直通车"进入直通车页面。

（3）新建推广计划：在直通车页面上，点击"推广计划"、"标准推广"和"新建推广计划"。在推广计划名称框内，为这个关键词推广计划起个名，然后点击"提交"。

（4）设置推广计划：点击"推广计划"和"标准推广"，找到刚建立的推广计划。点击它，进入推广计划页面，设置每天的推广费用限额、投放的平台、投放的时间段以及投放的地区。

（5）添加推广宝贝：设置好推广计划后，回到推广计划页面，点击"新建宝贝推广"。在打开的页面中，选择用来做淘宝关键词的商品，并选择是用来做日常销售还是做测款，同时编辑创意内容。

（6）关键词与匹配方式选择：在推广过程中，关键词的选择至关重要。卖家需要选择与自己商品相关且能吸引潜在买家的关键词。此外，还可以选择关键词的匹配方式，如精准匹配和广泛匹配，以满足不同的推广需求。

（7）出价与预算设置：根据选择的关键词和竞争情况，卖家需要设定合理的出价。同时，需要设置推广预算，以确保推广活动的可持续性和效果。

（8）监控与优化：推广开始后，卖家需要定期监控推广效果，包括点击量、转化率等指标。根据数据反馈，及时调整关键词、出价和预算等策略，以优化推广效果。

需要注意的是，关键词推广是一个持续优化的过程，卖家需要不断学习和调整策略，以实现最佳的推广效果。同时，卖家需要遵守淘宝的规则和政策，确保推广活动的合规性。

二、开通关键词推广

1. 开通条件

店铺通过初期的 SEO 优化后，其流量仍然受到一定局限，现决定采用关键词来进行运营推广，开通关键词是有条件限制的，想利用关键词来引入精准流量，需明确店铺利用关键词推广的条件。

表 4.8　卖家开通关键词推广的必要条件

淘宝卖家开通关键词推广的必要条件
店铺状态： 用户状态： 店铺开通时间： 出售假冒伪劣商品扣 6 分时需距离最近处罚时间： 严重违规大于 12 分小于 48 分需距离最近处罚时间： 虚假交易大于 48 分需距离最近处罚时间：

2. 关键词推广位置确定

（1）开通关键词之前，卖家只有清楚关键词的展示位置有哪些，才能确定哪些区域是最可能被买家浏览到的，从而提高推广效果。关键词主要在以下几个位置展示：搜索结果页右侧、搜索结果页展示区、搜索结果页底端、更多热卖整页。

（2）小组分工合作在淘宝网上找到本店铺商品 3 种不同类型的关键词位置。

三、扣费计算

1. 关键词推广扣费公式

单次点击扣费 =（下一名出价 × 下一名质量分）÷ 本人质量分 + 0.01 元。质量得分越高，付出的费用就越低。扣费最高为店铺设置好的关键词出价，当公式计算得出的金额大于出价时，将按实际出价扣费。

2. 扣费计算案例

假设 A、B、C 3 个卖家对同一个关键词进行竞价，卖家的质量得分和关键词出价如表 4.9 所示。

表 4.9 卖家的质量得分和关键词出价

卖家	出价/元	质量分	出价×质量分	排名	扣费/元
A	3	8	24	1	2.01
B	2	8	16	2	1.01
C	1	8	8	3	1

假设 B 卖家质量得分经过优化达到 10 分，其他条件不变，扣费如何计算？

表 4.10 优化后卖家的质量得分和关键词出价

卖家	出价/元	质量分	出价×质量分	排名	扣费/元
A	3	8	24	1	2.91
B	2	10	20	2	1.01
C	1	8	8	3	1

3. 扣费练习

下表是甲、乙、丙、丁 4 个卖家对同一关键词进行竞价的数据，根据表中的数据计算甲、乙、丙、丁的综合排名，并计算综合排名前 3 位的实际扣费，将计算结果填入表 4.11 对应单元格中。

表 4.11 关键词竞价的排名和扣费

淘宝卖家	出价/元	质量分	综合排名	实际扣费/元
甲	1.56	10		
乙	2.04	6		
丙	1.68	7		
丁	1.06	10		

A. 如果上述数据中综合排名第 2 的卖家质量得分提升到 8 分，那么他的实际扣费是多少？这说明了什么？这时候原综合排名第 1 和综合排名第 3 的实际扣费又是多少？（将计算结果填入下行）

B. 如果上述数据中综合排名第 3 的卖家质量得分不变，但出价提高到 2 元，那么他的实际扣费是多少？这时候原综合排名第 1 的实际扣费又是多少？这说明了什么？（将计算结果填入下行）

四、推广计划设置

（1）关键词推广计划步骤。

①新建推广计划：包括设置计划名称、日限额、投放时间、投放平台、投放地域。

②设置推广商品：选择商品推广关键词，关键词尽量选取质量分高的关键词。设置关键词出价、匹配方式、标签，精选人群，设置 20 字创意标题和图片。

（2）各小组分工合作，根据步骤讨论开通本店铺关键词推广方式。查找资料，进入店铺后台，获取店铺基本数据和竞店店铺情况。开通店铺关键词推广，尝试新建店铺产品推广计划。

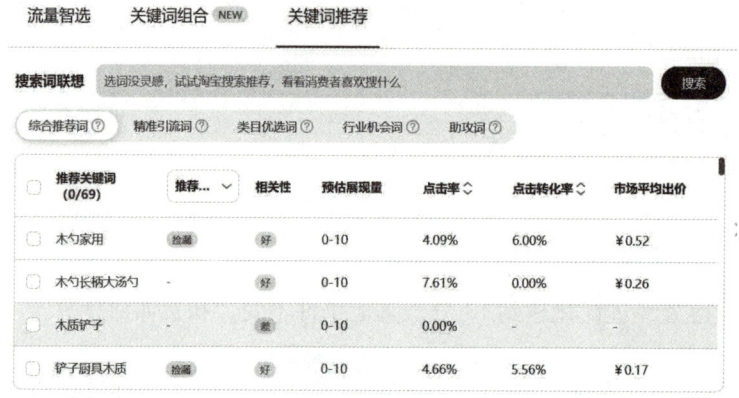

图4.3　关键词选择

五、成果展示

各小组展示关键词推广计划，分享本店直通车投放计划的操作思路。

表4.12　任务评价

指标	标准	分值
整体设计	要素齐全，方案要素齐全，有目标、有措施、有预算	20分
	资料齐全，方案资料数据真实，市场调查过程全面	20分
目标设计	可评可测，推广目标有具体指标，可用数值衡量	20分
措施设计	具体实施，推广措施具体可实现，有预算	20分
团队合作	分工合作，团队成员知识、能力、性格互补，职能岗位分工明确	20分

任务4　站内推广之精准人群推广

目标要求

知识目标	1. 熟悉精准人群推广形式、推广流程和推广要点。 2. 掌握精准人群推广设置。
技能目标	1. 学会依据所学知识设计精准人群推广方案。
素养目标	1. 养成客户服务意识和质量意识。 2. 发现自我潜能，激发创新、创业热情，提升职业价值感。

任务内容

助农店铺已经创建完成装修，梨膏糖、莲子等产品已经上架，各小组需要对店铺产品进行推广，本次任务是开展精准人群推广。

先导任务

（1）观察以下某次淘宝网首页图片，图中红色框内即某店铺精准人群推广，该广告图片有何特点？

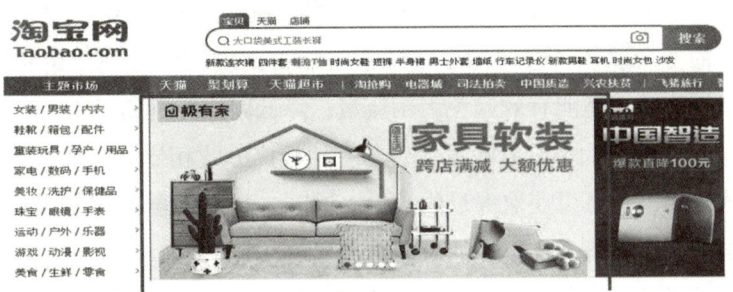

图 4.4　某次淘宝首页

（2）思考：精准人群推广适合什么类型的店铺？

一、精准人群推广

1. 精准人群推广概念

精准人群推广是面向全网精准流量实时竞价的推广，支持按展现收费和按点击收费的全网数字营销。

精准人群推广是淘宝网为卖家提供的一种营销工具，具体是图片类广告位竞价投放平台。其主要依赖图片创意来吸引买家的点击，从而获取巨大的流量。精准人群推广按照流量竞价售卖广告位，计费单位为 CPM（每千次浏览单价），并按照出价从高到低的顺序展现。

卖家可以根据不同的维度，如地域、人群、访客和兴趣点，设定定向展现策略。此外，精准人群推广还提供数据分析报表和优化指导，以帮助卖家更有效地进行营销推广。

精准人群推广是淘宝为卖家提供的非常有吸引力的推广渠道，通过精选淘宝优势资源，卖家可以更高效地吸引网购流量，获得高曝光和高点击的传播效果。其目标是帮助卖家更清晰地选择优质展位，提升商品的曝光度和销售量。

总的来说，精准人群推广是一个功能强大、灵活多样的营销工具，适合有更高信息发布需求的卖家使用，旨在通过精准投放和优质展示，提高商品的点击率和转化率，从而实现销售增长。

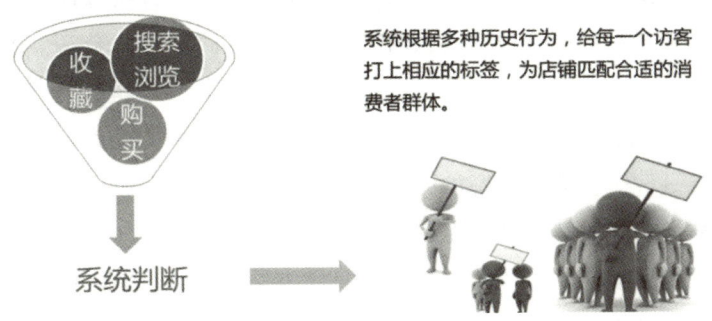

图 4.5　精准人群推广的原理

2. 精准人群推广优势

精准人群推广作为淘宝网为卖家提供的一种营销工具，具有多种显著优势，其是卖家推广商品、提升销量的重要途径。

（1）精准人群推广具有精准定位的能力。它可以根据地理位置、年龄、性别、兴趣爱好等多种因素，选择展示广告的受众群体。这种精准定位不仅能帮助卖家更好地了解目标客户的需求和偏好，提供更精准的营销策略，还能有效避免无用流量，降低商家的营销成本。

（2）精准人群推广的流量大且获取速度快。与其他推广方式相比，精准人群推广的流量似乎没有天花板，只要预算充足，就可以获取大量的流量。同时，精准人群推广的流量来源非常广泛，可以覆盖更多的买家群体，为卖家带来更多的展现机会。

（3）精准人群推广的成本可控，回报率高。卖家可以根据自身的预算和需求，设定合理的出价和预算，从而有效控制推广成本。同时，通过优化广告创意和投放策略，可以提高广告的点击率和转化率，进而获得更高的回报。

（4）精准人群推广具有提升品牌形象、提高用户体验等附加优势。通过在网站上展示精美的广告，可以吸引用户的注意，提高品牌知名度和美誉度。同时，这些广告可以为用户提供更多的商品信息和购物选择，提升用户的购物体验。

总的来说，精准人群推广凭借精准定位、流量大、成本低、回报高等优势，成为淘宝卖家推广商品、提升销量的重要工具。然而，要想充分发挥精准人群推广的优势，卖家还需要不断学习和掌握其投放技巧与优化策略，以实现最佳的推广效果。

二、推广目标确定

1. 精准人群推广的推广目标

精准人群推广主要聚焦于通过精准定向和高效投放，提高商品的曝光度、点击率和转化率，进而实现销售增长和品牌提升。具体来说，精准人群推广的推广目标包括以下几个方面。

（1）提高商品曝光度：精准人群推广通过竞价投放的方式，在淘宝平台上的优质广告位展示商品图片，从而吸引潜在买家的注意。通过精准定向，精准人群推广可以将广告展示给最有可能对商品感兴趣的人群，实现高效曝光。

（2）提高点击率和流量：精美的广告创意和吸引人的图片内容，可以提高广告的点击率，从而带来更多的流量。精准人群推广可以根据卖家的需求，选择不同的定向策略，确保广告触动目标受众，提高点击效果。

（3）提高转化率：通过精准定向和优质广告内容，精准人群推广可以帮助卖家吸引更多潜在客户，提高商品的转化率。同时，精准人群推广可以提供数据分析报表和优化指导，帮助卖家了解用户行为，优化投放策略，进一步提升转化率。

（4）实现销售增长：精准人群推广的最终目标是实现销售增长。通过提高曝光度、点击率和转化率，精准人群推广可以帮助卖家吸引更多潜在客户，提升商品销量，实现商业目标。

（5）提升品牌形象：精准人群推广不仅关注短期的销售增长，还致力于提升卖家的品牌形象。通过在广告中展示品牌元素和特色，精准人群推广可以帮助卖家塑造独特的品牌形象，增强消费者对品牌的认知和信任。

综上所述，精准人群推广的目标是多方面的，旨在通过精准投放和优化策略，实现商品销量和品牌形象的双提升。卖家在使用精准人群推广时，应根据自身需求和目标，制定合适的推广策略，以获得最佳的推广效果。

2. 店铺推广目标确定

小组讨论确定店铺精准人群推广的目标：提高店铺曝光率、增加销售额、提高品牌知名度等。目标要具体可衡量，如提升多少点击率、增加多少销售额等。

三、目标受众确定

（1）精准人群推广要精准定位目标受众，以提升广告效果。需要考虑受众的年龄、性别、地域、兴趣爱好、购买习惯等因素，通过这些因素筛选合适的受众。

（2）小组分工合作，通过淘宝后台的流量解析、生意参谋等工具分析店铺主要目标受众的用户特征。

表 4.13 店铺目标受众分析

推广目标受众	特征
年龄	
性别	
地域	
兴趣爱好	
购买习惯	

四、广告位选择

（1）精准人群推广的主要投放位置有淘宝网站内展位、淘宝联盟和新浪微博、腾讯、优酷等各大优势媒体。精准人群推广位置的选择一般以淘宝网站内为主，淘宝站内的广告资源位主要包括以下几个。

①淘宝首页焦点图资源位：包括 PC 端和移动端 2 种，主要展示在淘宝首页的显眼位置，是吸引用户点击和提升店铺曝光率的重要资源位。

②各类频道大尺寸展位：包括淘宝各大专题频道、分类页面等，拥有较大的展示空间，适合投放各类促销活动、品牌宣传等广告内容。

③淘宝无线 App 端资源位：包括淘宝手机端首页、分类页面等，可以针对移动端用户进行定向投放，提高手机端用户转化率。

（2）小组讨论，假设本店铺投放精准人群推广广告，将选择哪一种展位，并根据店铺推广目标以及展位选择的原则说明选择的理由。

表 4.14 展位选择分析

精准人群推广位置	
选择理由	

五、广告内容制作

（1）广告内容是吸引受众点击和转化的关键。要结合商品特点和目标受众需求，制定有吸引力和创意的广告内容，包括广告标题、图片、描述等。同时，要注意广告的品质和合规性，避免违规或引人反感的内容。

（2）创意制作的关键是在有限的展示位中提炼商品的卖点，然后再在制作过程中注意其他要点：商品突出、文案与产品相结合、素材整体简洁干净、图片颜色搭配、文案创新等。若展示位大小为300×250像素，根据本店铺商品特点，小组讨论该从哪几个方面提炼商品的卖点，做好商品的创意制作，提高点击量。

商品的卖点

（3）创意制作要遵守淘宝精准人群推广的规则约定，精准人群推广创意只有经过严格审核才可以通过。具体详细规则约定请参见精准人群推广广告服务使用规范。请查找使用规范，说出下图审核未通过的原因。

（4）小组分工合作，根据提炼的卖点制作精准人群推广图片。

天猫精准人群推广图片要求

1. 用户需保证画面清晰明亮，整体元素保持风格一致。
2. banner不得加边框，且避免纯黑或纯白背景。
3. 文案避免描边、倒影、发光、浮雕等夸张特效。
4. 活动Logo需统一标在左上角，不得过小，保证辨识度。
5. 不得出现图片模糊、变形、有锯齿、有噪点等影响美观度的情形。
6. 不得出现非天猫业务产品的文案或Logo信息。
7. 用户须确保使用的文字、素材已获得相应资质或授权。

六、推广计划制订

1. 建立计划

自主设置定向人群、资源位和出价，达到更精准的营销目的。

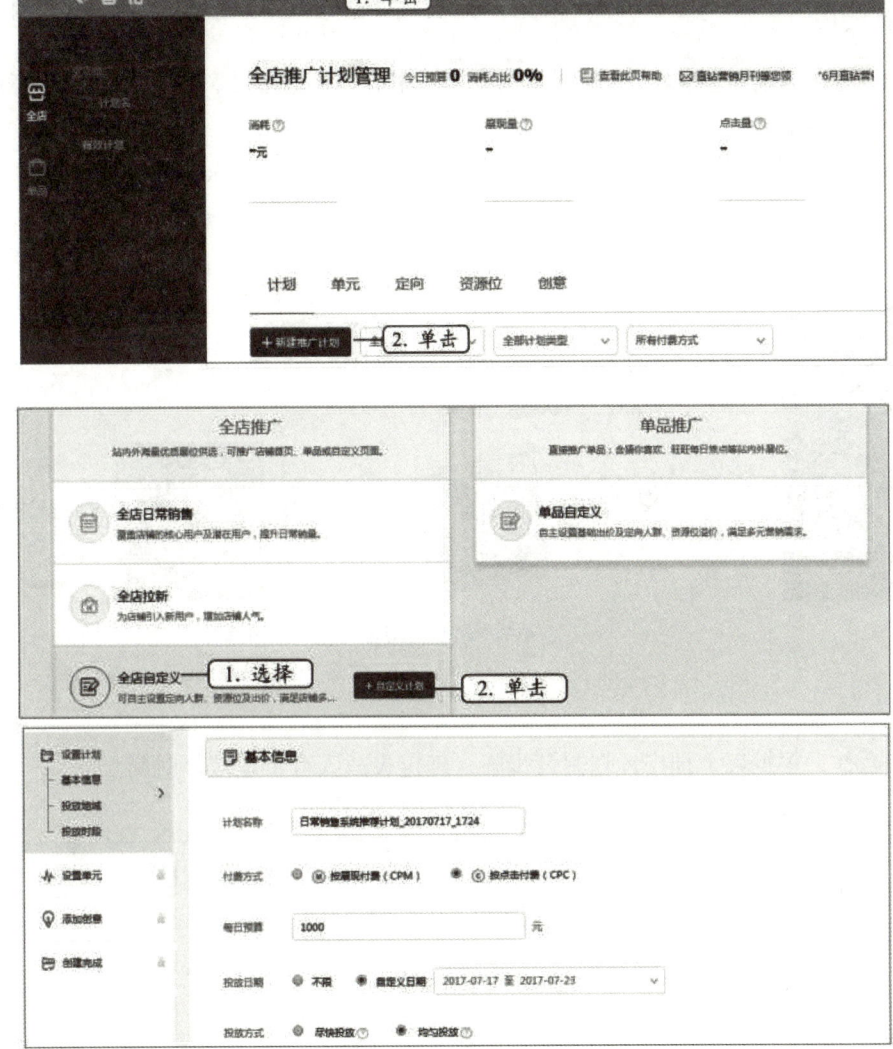

图 4.6　推广计划建立步骤

2. 设置单元

（1）设置定向：常用的定向方法有通投、群体定向、访客定向、兴趣点定向。商家在设置访客定向时，可选择种子店铺或自主添加店铺。自主添加店铺一般比种子店铺更精准，商家在设置自主添加店铺时建议多选择几个店铺，并圈定合适的人数，人数在 10 万~20 万为佳。商家在设置兴趣点定向时，可输入某店铺旺旺 ID 来获取相应兴趣点，一般输入自己的店铺旺旺 ID 即可，也可直接搜索关键词，添加相应兴趣点。

（2）添加资源位：设置推广单元后，商家即可添加资源位，在添加时首先选择站内的资源位，即名称中带有"网上购物"的资源位。选择资源位主要涉及 2 个数据：日均可竞流量和点击率（CTR）。分析和选择较好的资源位后，可将其加入收藏并进行投放测试，如果测试效果良好则可长期投放。

（3）出价：商家一般参考各定向上每个资源位的建议出价即可，在投放过程中可按照获取流量的多少来调整。由于兴趣点定向的流量相对较多，建议商家不要全部添加系统推荐的所有兴趣点，一般来说，只需要添加与所推广商品关联性最强的 2~3 个兴趣点即可。

3. 添加创意

（1）首先需要根据之前选择的资源位的相应尺寸来制作创意图片，因此在制作创意图片前，商家应该仔细查看与该资源位对应的创意要求。

（2）在精准人群推广后台的"创意"页面中选择左侧导航栏中的"创意快捷制作"选项后，系统会自动为该店铺推广的商品应用快捷模板，选择"创意模板库"选项，可查看与自己行业商品相关的模板。

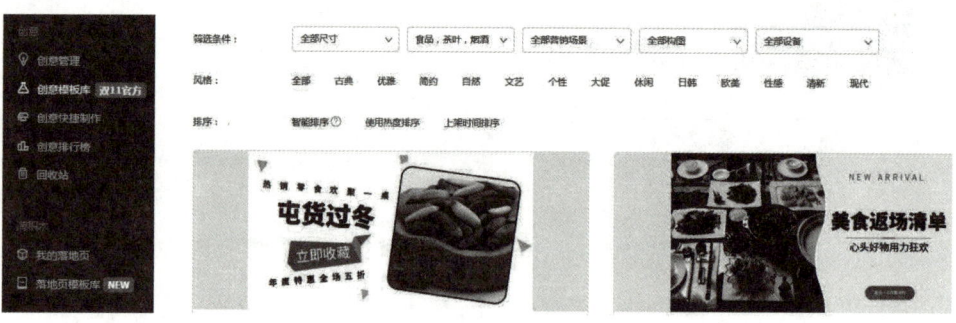

图 4.7　创意模板库

4. 推广投放

小组分工合作，根据以上推广计划制订步骤，确定投放人群、地域、时间。

表 4.15　推广计划设置

推广计划	具体内容
定向方法	
资源位置	
出价	
投放人群	
投放地域	
投放时间	

七、成果展示

上台展示分享提升本店铺精准人群推广开通的方式及具体做法。

表 4.16　任务评价

指标	标准	分值
整体设计	要素齐全，方案要素齐全，有目标、有措施、有预算	20 分
	资料齐全，方案资料数据真实，市场调查过程全面	20 分
目标设计	可评可测，推广目标有具体指标，可用数值衡量	20 分
措施设计	具体实施，推广措施具体可实现，有预算	20 分
团队合作	分工合作，团队成员知识、能力、性格互补，职能岗位分工明确	20 分

任务 5　站内推广之淘宝客推广

目标要求

知识目标	1. 熟悉淘宝客推广形式、推广流程和推广要点。 2. 掌握淘宝客计划设置。
技能目标	1. 学会依据所学知识设计淘宝客推广方案。 2. 能撰写有吸引力的淘宝客招募书。
素养目标	1. 养成客户服务意识和质量意识。 2. 发现自我潜能，激发创新、创业热情，提升职业价值感。

任务内容

助农店铺已经创建并完成装修，梨膏糖、莲子等商品已经上架，各小组需要对店铺商品进行推广，本次任务是开展淘宝客推广。

先导任务

（1）下图是某店铺淘宝客推广效果数据展示，找出点击数、付款金额等指标。

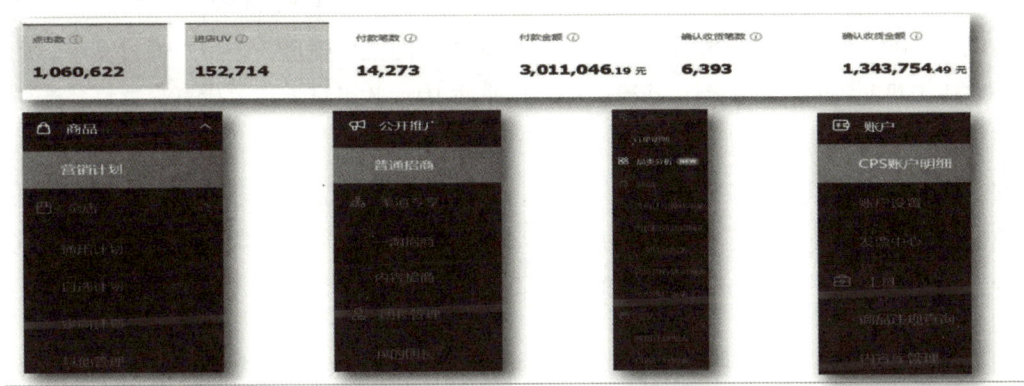

图 4.8　某店铺淘宝客推广效果

（2）思考：淘宝客推广效果如何？

一、淘宝客的推广

1. 淘宝客概念

淘宝客是一种按成交计费的推广模式，也指通过推广赚取收益的一类人。他们帮助卖家推广商品并获取佣金。在淘宝客的推广过程中，卖家提供商品，淘宝客则通过各种渠道进行推广，当有人通过淘宝客的推广链接购买商品时，淘宝客便能获得相应的佣金。

淘宝客具有低门槛、方便快捷、高收益等特点。只要有淘宝账号，任何人都可以参与淘宝客的推广，无须投入资金，只需要复制商品链接即可开始推广，且推广时间和地点不受限制。同时，淘宝客的收益取决于推广效果，如果推广得当，能够推动更多人购买商品，那么收益也就越高。

此外，淘宝客也提供了方便快捷的购物体验，用户可以在淘宝客上搜索想要的商品，查看详细信息，并通过淘宝客提供的交易评价、图文介绍等功能更好地了解商品。同时，淘宝客支持多种支付方式，并与各大物流公司合作，提供了快速可靠的物流配送服务。

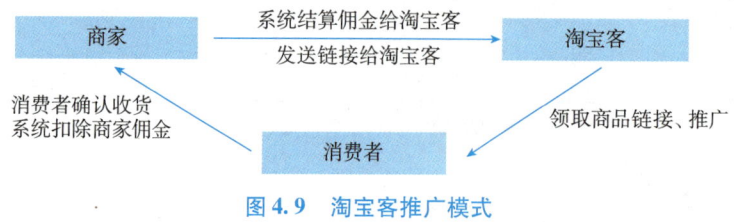

图 4.9 淘宝客推广模式

总的来说，淘宝客是一个适合个人或小团队使用的推广模式，它提供了便捷的推广途径和丰富的收益机会，同时为消费者提供了优质的购物体验。

2. 淘宝客推广原理

淘宝客的推广原理主要包括两个方面：佣金返还和效果跟踪。

佣金返还是淘宝客工作的核心。淘宝客通过在自己的推广平台上放置商家的推广链接，引导用户点击链接进入淘宝或天猫进行购物。用户通过这些链接购买商品后，淘宝客会获得相应的佣金。为了激励用户，淘宝客还会将部分佣金返还给购买者，作为他们通过淘宝客链接购买商品的回报。

效果跟踪则是淘宝客工作的另一个重要环节。为了确保佣金返还的有效性，淘宝客会为每个推广链接生成一个唯一的推广代码或推广 ID，用于标识不同的推广渠道。当用户通过淘宝客的推广链接进入淘宝或天猫购物时，系统会自动识别这些代码或 ID，并记录下相关信息。这样，淘宝客就能精确地跟踪用户的购买行为，从而确认佣金返还的准确性。

总的来说，淘宝客基于佣金返还和效果跟踪，通过推广商品链接、引导用户购物、返还佣金以及跟踪效果，实现了商家与淘宝客的互利共赢。淘宝客不仅帮助商家提高了商品销量和曝光度，还为消费者提供了更便捷的购物方式和额外的优惠。

3. 淘宝客优势

淘宝客的优势主要体现在以下几个方面。

（1）明显的推广效果：淘宝客在推广商品时，会优先选择店铺等级较高、价格适中、有基础销量与评价的商品进行推广，这能够确保推广的精准性和有效性，从而迅速吸引潜在买家，带来明显的推广效果。

（2）销量增长迅速：淘宝客通过提供优惠券和佣金，激励买家购买商品，从而迅速增加商家的销量。这种方式不仅快速，而且能够在短时间内帮助商家积累大量的订单。

（3）管理轻松：与淘宝客合作，商家只需要提供商品和相应的佣金设置，而推广和管理工作主要由淘宝客负责。这使得商家能够更专注于商品的生产和供应，而无须投入大量精力进行市场推广。

（4）推广者众多：淘宝客拥有超百万的推广者，他们遍布互联网的各个领域，能够覆盖更广泛的潜在买家，提高商品的曝光度和购买率。

（5）低成本投入：淘宝客的推广方式具有超低成本投入的特点。商家只需要在买家购买成功后支付佣金,而展示和点击都是免费的,这使商家能够以较小的成本获得较明显的推广效果。

(6) 回报高且风险可控:淘宝客的推广方式采用成交付费模式,商家只需要在订单成交后支付佣金,这避免了无效点击和浪费。同时,商家可以自主设置佣金比例,根据推广效果进行调整,实现投资回报的可控性。

淘宝客的优势在于明显的推广效果、快速的销量增长、轻松的管理方式、众多的推广者、低成本投入以及高回报且风险可控。这些优势使得淘宝客成为商家进行网络推广的一种重要手段,有助于提升商品销量和品牌影响力。

4. 淘宝客推广流程

淘宝客的推广流程主要包括以下几个步骤。

(1) 注册淘宝客账号:首先,卖家需要在淘宝客平台上注册一个账号。注册过程相对简单,只需要填写相关信息并同意平台的规定即可。

(2) 选择合适的商品:注册完成后,卖家需要浏览并选择合适的商品进行推广。选择的商品应具有竞争力和热销潜力,同时关注商品的佣金比例和优惠力度,以确保能够获得较高的收益。

(3) 研究目标受众和市场需求:进行推广前,卖家需要深入了解目标受众的购物行为、偏好和需求,以及竞争对手的推广策略和优势。这有助于更准确地制定推广策略。

(4) 选择推广渠道:淘宝客推广可以借助多种渠道进行,如社交媒体、论坛、博客等。卖家需要根据目标受众和商品特点,选择适合的推广渠道。

(5) 优化推广链接和文案:为了提高转化率和点击量,卖家需要优化推广链接和文案,使其更具吸引力和说服力。

(6) 获取推广链接:在淘宝客平台上,卖家可以找到推广商品的专属链接。这些链接会跟踪买家的购买行为,以便计算佣金。

(7) 分享与推广:卖家将推广链接分享到选定的渠道,吸引潜在买家点击并购买商品。

(8) 佣金结算:当买家通过卖家的推广链接购买商品并完成交易后,卖家会获得相应的佣金。佣金结算一般每月进行一次,卖家可以在淘宝客平台上查看佣金明细并提现。

需要注意的是,在进行淘宝客推广时,卖家应遵守淘宝客平台的规则和政策,确保推广活动的合规性。同时,不断优化推广策略和提升推广效果是非常重要的。

二、淘宝客的开通

(1) 实施淘宝客推广首先必须熟悉淘宝客推广的相关内容和规则。

问题1:淘宝客业务中的3个角色是什么?		
问题2:淘宝客的收费方式是怎样的?英文简称是什么?		

(2) 小组查找资料,了解开通淘宝客推广店铺需要达到的条件。

表 4.17　淘宝客开通的必要条件

淘宝卖家开通淘宝客的必要条件
店铺状态：
用户状态：
店铺开通时间：
近 30 天内成交额：
淘宝掌柜信用：

（3）小组分工合作检查店铺情况是否符合开通淘宝客条件，符合条件的店铺开通店铺淘宝客推广。

三、推广商品确定

（1）淘宝客推广商品选择主要考虑因素。

①市场需求：首先要研究市场需求，了解哪些商品是当前热门的、有大量用户需求的。可以通过淘宝的热销榜单、淘宝客推广平台的数据分析了解当前市场的需求趋势。

②产品质量：选择质量可靠的商品非常重要，需要对商品的质量进行检查，保证商品的口碑和评价。

③价格竞争力：价格是影响消费者购买决策的重要因素之一。在选择商品时，需要考虑商品的价格竞争力，选择性价比高的商品。

（2）小组分工合作，通过淘宝后台的流量解析、生意参谋等工具分析店铺商品，选择适合开展淘宝客推广的商品。

四、佣金设置

（1）淘宝客佣金包括个性化佣金和店铺佣金。

①个性化佣金比率：淘宝卖家加入淘宝客推广后，可以在自己的店铺中最多挑选 20 件商品作为推广展示商品，并按照各自情况设定不同的佣金比率。

②店铺佣金比率：除设定个性化佣金比率外，还需要为店铺中其他商品另外设定一个统一的佣金比率，用来支付由推广展示商品带动店铺其他商品成交的佣金。

（2）佣金＝该商品的单价×佣金比率，是淘宝卖家愿意为推广商品而付出的推广费。如下例。

某商品标价 300 元，佣金比例为 5%，买家使用 20 元优惠券，支付宝实际付款 280 元，则淘宝客可以获得的佣金是多少？（要求列出式子，并计算答案）

（3）结算方式。买家通过支付宝交易并确认收货时，系统会自动将应付的佣金从卖家收入中扣除并在次日计入淘宝客的预期收入账户。每个月的 15 日都会做上一个整月的月结，月结后正式转入淘宝客的收款账户。

（4）小组登录淘宝客推广后台，查找与本店铺产品类似的产品佣金比例，确定本店铺产品佣金比例。

五、淘宝客招募

(1) 淘宝客的招募方式主要分 2 种，淘宝卖家主动寻找或者淘宝客主动上门。当淘宝店铺规模和品牌没有很明显的优势时，卖家必须主动寻找优质的淘宝客。

寻找淘宝客的方法有站内寻找和站外寻找，请写出2种站内寻找的渠道，4种站外寻找地渠道		
站内寻找		
站外寻找		

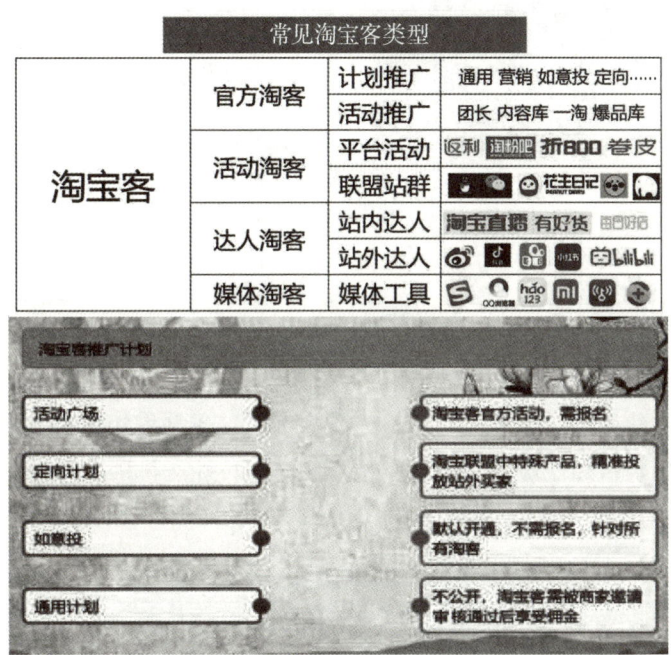

图 4.10　常见的淘宝客类型与推广计划

(2) 通过编写和发布招募帖的方式，也可以招募到淘宝客，请结合本组店铺商品特点设置招募帖发布的平台和板块。

①吸引淘宝客的策略：某一单品设置较高的佣金，选择物美价廉的商品，商品图片要美观，主推销量好的商品打造"爆款"，经常更新主推商品，推行额外奖励制度。

②招募帖的写作要点：诱人标题（简洁、明了、夸张）；内容一般包括店铺基本情况（店铺属性、主营业务、佣金比率、联系方式和推广地址），推广激励（收入方式、奖励方式、奖金结算时间、发奖形式等），店铺的优势或产品的卖点（提炼店铺的优势或产品的卖点，给淘宝客以信心）。

店铺招募帖

六、推广内容优化

(1) 优化推广链接和文案，使用一些工具生成短链接，方便用户点击和购买商品。在编写淘宝客推广文案时，要注意简洁明了、有吸引力，同时避免夸大宣传和虚假宣传。

（2）定期更新推广内容，及时发布商品的促销信息和优惠活动，吸引用户点击和购买。同时，要关注用户的反馈和需求，根据市场变化进行相应的调整和改进。

（3）小组分工合作，制作淘宝客推广时发送给用户的宣传文案以及图片（见图 4.11）。

图 4.11　某食品推广文案和图片

七、推广效果分析

（1）在进行淘宝客推广活动后，数据分析很重要，要派专人监控淘宝客推广效果，制作日报表；针对不同推广商品的推广后销量，对佣金、商品页面、商品折扣等进行调整。淘宝客的推广情况，可以通过工具软件进行相应数据的统计分析，从而优化和改进推广效果。

（2）小组分工合作，对表 4.18 中淘宝客效果进行分析。

表 4.18　某店铺淘宝客推广效果

产品名	店铺该商品总成交额/元	淘宝客推广成交额/元	淘宝客成交占比/%	佣金比例/%	佣金金额/%	成交笔数	ROI	淘宝客昵称
产品 1	171324.47	5932.21	3.46	2.50	148.31	60	40	taobaoss137
产品 2	36330.25	2150.75	5.92	3.00	64.52	22	33.3	最后的淘客 1
产品 3	34622.14	1073.29	3.10	1.50	16.10	11	66.7	taobaoss137
产品 4	37325.22	1821.47	4.88	1.50	27.32	18	66.7	浩岩
产品 5	10361.73	642.43	6.20	5.00	32.12	6	20	taobaoss137
产品 6	11300.51	826.07	7.31	2.00	16.52	8	50	taobaoss137
产品 7	9314.36	580.28	6.23	3.00	17.41	6	33.3	taobaoss137
产品 8	1263.58	60.53	4.79	1.50	0.91	1	66.7	taobaoss137

问题 1：分析表中的数据，说明淘宝客推广的效果。

问题 2：怎样进行优化？

（3）小组分工合作，根据以上推广计划开展淘宝客推广，分析淘宝客推广效果。

八、成果展示

上台展示分享提升本店铺淘宝客推广的方式及具体做法。

表 4.19　任务评价

指标	标准	分值
整体设计	要素齐全，方案要素齐全，有目标、有措施、有预算	20 分
	资料齐全，方案资料数据真实，市场调查过程全面	20 分
目标设计	可评可测，推广目标有具体指标，可用数值衡量	20 分
措施设计	具体实施，推广措施具体可实现，有预算	20 分
团队合作	分工合作，团队成员知识、能力、性格互补，职能岗位分工明确	20 分

项目四小结

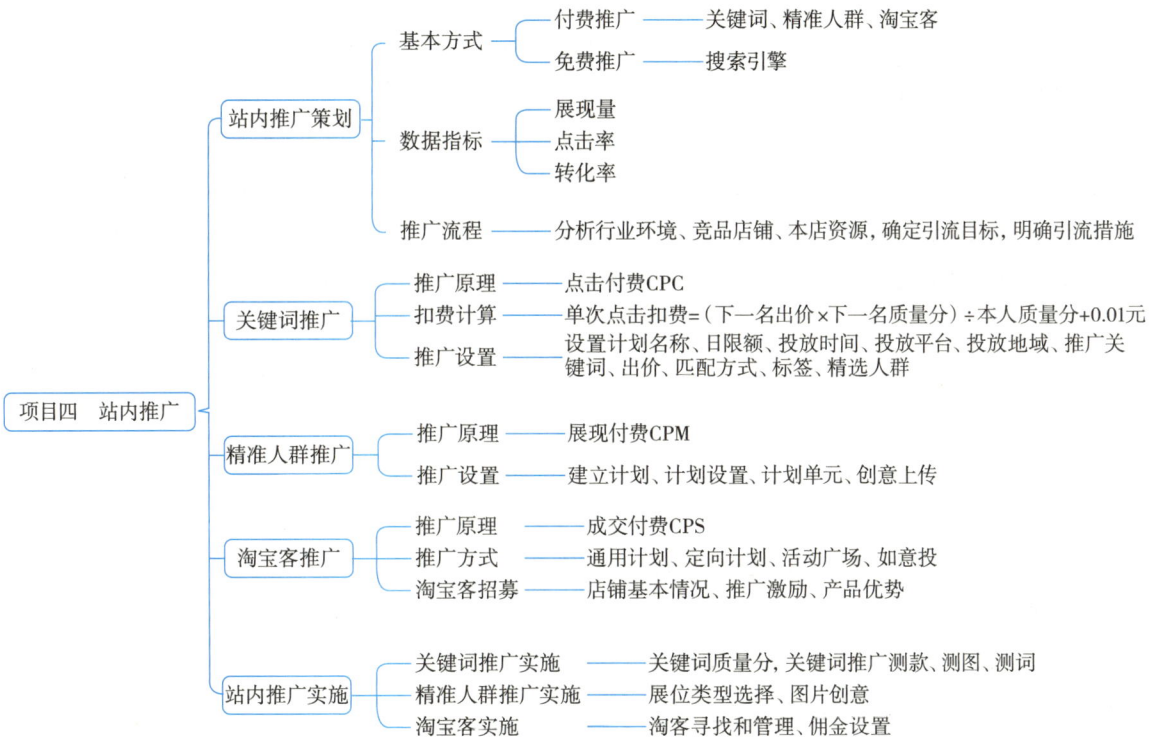

项目四测试

一、单选题

1. 下面不属于淘宝 DSR 要素的是（　　）。
　A. 提供的商品描述的准确性　　　　　　　　B. 沟通质量及回应速度
　C. 物品运送时间合理性　　　　　　　　　　D. 卖家服务态度满意度
2. 淘宝客推广是一种按（　　）计费的推广模式。
　A. 展现　　　　　　B. 点击　　　　　　C. 成交　　　　　　D. 注册人数

3. 关键词推广商品创意标题在（　　）汉字以内。
   A. 15个　　　　　　　B. 10个　　　　　　　C. 20个　　　　　　　D. 30个

4. 淘宝关键词推广采用哪种计价方式？（　　）
   A. 按展示付费　　　　　　　　　　　　B. 按点击付费
   C. 按成交额付费　　　　　　　　　　　D. 淘宝小二自己确定

5. 在淘宝平台运营时，CPC模式的意思是（　　）。
   A. 按展示付费　　　B. 按点击付费　　　C. 按成交付费　　　D. 点击率

6. 在淘宝平台运营时，CPM模式的意思是（　　）。
   A. 按展示付费　　　B. 按点击付费　　　C. 按成交付费　　　D. 点击率

7. 多少天内无展现的关键词，会放入"无展现关键词"中？（　　）
   A. 5天　　　　　　　B. 7天　　　　　　　C. 10天　　　　　　　D. 15天

8. 商品每次被点击时，你所愿意支付的最高金额称为（　　）。
   A. 标准出价　　　　　B. 默认出价　　　　　C. 最高出价　　　　　D. 主动出价

9. 关键词没有展现量，以下哪种情况不会导致这种结果？（　　）
   A. 标题不包含这个关键词　　　　　　　B. 关键词出价太低
   C. 关键词质量分太低　　　　　　　　　D. 关键词太长且生僻

10. 关键词推广时段报表中看到自己的推广在半夜点击量较高，以下不应该做的是（　　）。
    A. 调整客服工作时间
    B. 店铺内进行相应的半夜自助拍下货物，即可获赠神秘小礼物的活动
    C. 在半夜可以相应地设置折扣出价
    D. 设置半夜不投放推广

11. 以下哪个是关键词推广的活动？（　　）
    A. 首页中间滚屏　　　　　　　　　　　B. 聚划算
    C. 首页热卖单品　　　　　　　　　　　D. 微淘

12. 关键词推广中如何将宝贝投放到淘宝以外的网站？（　　）
    A. 在设置投放平台里面勾选"淘宝站外"
    B. 在关键词推广账户中推广新宝贝即可自动投放站外
    C. 在地域投放中，设置全地域投放
    D. 其他选项都不对

13. 关键词推广标准计划下推广单元最多可以添加（　　）关键词。
    A. 20个　　　　　　　B. 100个　　　　　　　C. 200个　　　　　　　D. 1000个

二、多选题

1. 关于质量分的描述正确的是（　　）。
   A. 降低关键词点击花费
   B. 质量分高排名更靠前
   C. 限制推广结果的展现资格
   D. 当质量度分偏低时，推广结果可能无法展现，或者展现概率低

2. SEM 展现量是指推广信息在搜索结果页展现的次数，影响展现量的因素有（　　　）。

A. 关键词方面　　　　B. 账户方面　　　　C. 商品方面　　　　D. 详情页方面

三、判断题

1. 商品标题只给搜索引擎看。（　　）
2. 关键词的分词对标题优化没有影响。（　　）
3. 淘宝搜索引擎的下拉框是一种非常简便、快速的找词方法。（　　）
4. 淘宝平台的精准人群推广属于免费流量。（　　）
5. 淘宝的客户评价体系是 DSR 评分。（　　）
6. 淘宝关键词推广中，推广计划分为店铺推广计划和宝贝推广计划 2 种类型。（　　）
7. 设置推广地域是指在推广创意内选择投放的地域、省份。（　　）
8. 高竞价、高转化的词，应该着重关注它的排名，如果均价没有高到离谱，转化成本没有超过预期金额，就不要轻易降价。（　　）

四、简答题

请为某店铺新款女式包设置 20 字关键词推广标题。女包基本属性；颜色雾霾蓝；材质头层牛皮；款式水桶包；风格上班通勤包；配件：肩背带、手提带、丝巾点缀、五金黄铜。

五、填空题

淘宝客业务中的 3 个角色是（　　　）、（　　　）、（　　　）。

六、排序题

请将以下关键词推广运营步骤按流程先后顺序进行排序（　　　）。

A. 优化推广计划

B. 添加推广宝贝

C. 新建推广计划

D. 设置日限额、推广平台、推广时间、推广地区

E. 选择关键词、设置关键词出价和匹配方式

F. 添加精选人群

G. 智能创意及调价

项目五 站外推广

项目目标

1. 掌握各种站外推广方式，能依据店铺情况设计并实施站外推广方案。
2. 掌握软文推广操作方法，能熟练制订并实施软文推广计划。
3. 掌握短视频推广操作方法，能熟练制订并实施短视频推广计划。

任务1 站外推广之内容策划

目标要求

知识目标	1. 熟悉各种站外推广方式。 2. 掌握站外推广策划方案的基本要素。
技能目标	1. 能列举出站外推广的方式方法。 2. 能撰写要素齐全的站外推广方案。
素养目标	1. 养成客户服务意识和质量意识。 2. 发现自我潜能，激发创新、创业热情，提升职业价值感。

任务内容

助农店铺已经创建并完成装修，梨膏糖、莲子等商品已经上架，各小组需要对店铺商品进行推广，本次任务是开展站外推广策划。

任务辅助资源

百度指数、百度统计、百度移动统计、百度风云榜、百度预测、百度问卷、问卷星、腾讯问卷、问卷网、艾瑞调研、友盟、阿里指数、阿里巴巴（1688.com）、抖音平台、小红书平台等。

先导任务

1. 看一看

（1）观看案例视频，思考问题：站外引流的方式有哪些？

（2）开展市场调查，收集竞品店铺站外推广方式。

2. 学一学

（1）学习学习通平台上发布的微课资源，掌握站外推广市场调研基本方法。

①网店内部环境分析：网店商品卖点、经营范围、定位风格、目标群体、引流款和爆款，竞争优势。

②网店外部环境分析：行业发展情况及行业特点，竞争对手的商品特点、目标群体、营销策略、营销方向、软文或视频制作方法、软文或视频投放渠道及效果等。

③网店用户分析：主要特征、行为习惯、客户对企业商品或服务的评价。

（2）学习学习通平台上发布的微课资源，掌握站外推广基本方法和步骤。

市场调研 → 引流策划 → 素材制作 → 素材投放 → 效果评估

图5.1 站外推广基本方法和步骤

一、站外推广策划

站外推广策划是提升网店知名度、吸引潜在顾客、增加销售额的重要策略。主要内容有以下几个方面。

1. 明确推广目标

在制定推广策划前，首先要明确推广目标。是希望提高品牌曝光度、提高网站流量、促进产品销售，还是其他目标？明确推广目标有助于我们制定更具针对性的推广策略。

2. 定位目标受众

了解目标受众是推广策划的关键。通过市场调研和分析，确定目标受众的年龄、性别、职业、兴趣爱好、消费习惯等特征，以便更好地制定推广内容和选择渠道。

3. 选择合适的推广渠道

社交媒体推广：利用微博、微信、抖音等社交媒体平台发布推广内容，与目标受众进行互动，提高品牌曝光度。

搜索引擎营销：通过搜索引擎优化和搜索引擎广告提高网店在搜索引擎中的排名，吸引潜在客户。

合作推广：与其他相关行业或品牌进行合作，共同开展推广活动，实现资源共享和互利共赢。

内容营销：通过高质量的博客文章、新闻稿、视频等，提供有价值的信息，吸引潜在客户的关注。

4. 制定推广内容

根据目标受众和推广渠道，制定具有吸引力和针对性的推广内容。内容应突出网店的商品特点、优势及品牌价值，同时注重与目标受众的共鸣和互动。

5. 设定推广预算

根据推广目标和渠道，设定合理的推广预算。预算应包括广告费用、合作费用、内容制作费用等，确保推广活动的顺利进行。

6. 制订推广计划

根据推广目标、受众、渠道和内容，制订详细的推广计划。计划应包括推广活动的具体时间、负责人、执行步骤、预期效果等，确保推广活动的有序进行。

7. 监测与评估推广效果

推广活动开展后，需要定期监测和评估推广效果。通过数据分析工具，了解推广活动的流量、转化率、销售额等指标，以便及时调整推广策略，优化推广效果。

站外推广策划需要从明确推广目标、定位目标受众、选择合适的推广渠道、制定推广内容、设定推广预算、制订推广计划以及监测与评估推广效果等多个方面进行综合考虑和实施。通过有效的推广策划，可以帮助网店提升知名度、吸引更多潜在客户，从而实现销量增长和品牌提升。

二、市场分析

1. 内部环境分析

内部调研是站外引流的第一环节，对网店及其商品或服务进行系统分析、整体评价，准确掌握网店自身的竞争优势和"爆款"定位，深入挖掘商品卖点，为网店引流做准备。

内部环境分析主要涉及店铺的运营管理、团队构成、财务状况以及技术资源等多个方面。

首先，店铺的运营管理是内部环境的核心。这包括店铺的日常运营流程、客户服务质量、订单处理速度以及物流配送等方面。一个高效、有序的运营管理体系能够确保店铺的正常运转，提升客户体验，从而增加销量和提高客户黏性。

其次，团队构成是内部环境分析的重要部分。一个优秀的团队应该具备专业技能、沟通能力和协作精神。例如，需要有专业的营销人员来策划推广活动，有经验丰富的客服人员来处理客户咨询和投诉，有技术人员来维护网站和保障数据安全等。

再次，财务状况是评估店铺经营能力的重要指标。这包括店铺的收入、支出、利润以及现金流等方面。对财务数据进行分析，可以了解店铺的盈利能力和成本控制情况，为制定合理的经营策略提供依据。

最后，技术资源是内部环境分析不可忽视的因素。店铺需要借助先进的技术手段提升运营效率、优化客户体验。例如，利用大数据分析来精准定位目标客户、制定营销策略，利用人工智能和自动化技术来简化订单处理程序、提升物流配送效率等。

除了以上几个方面，店铺内部环境分析还需要考虑企业文化、品牌形象、商品创新等因素。一个积极向上的企业文化能够激发员工的工作热情和创新精神；一个独特的品牌形象能够提升店铺的知名度和美誉度；持续的商品创新能够满足客户的个性化需求，增强店铺的竞争力。店铺内部环境分析是一个综合性的过程，需要全面考虑多方面内容。通过对内部环境的深入分析，店铺可以找出自身的优势和不足，制定相应的改进措施，提升整体竞争力。

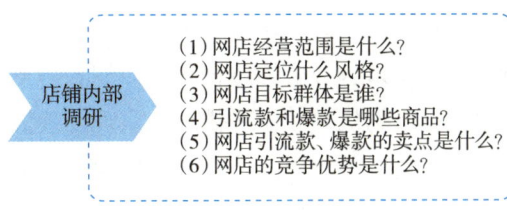

图 5.2　店铺内部调研内容

小组开展本店铺内部调查，并完成表 5.1。

表 5.1　店铺调查分析

经营范围	
风格定位	
目标群体	
爆款产品	
产品卖点	
竞争优势	

例如，三只松鼠内部分析。

表 5.2　三只松鼠内部分析

经营范围	经营坚果、茶叶、蜜饯、干果等绿色、新鲜的森林系食品
风格定位	以松鼠为主题一脉相传，给消费者留下积极、健康、快乐的直观印象
目标群体	"80后""90后"互联网用户群体，"80后""90后"个性张扬，有自己的主见和行为准则，他们追求时尚、享受生活、善待自己，对细节挑剔，习惯网购，注重全方位的消费体验
爆款产品	每日坚果（袋装内有碧根果、夏威夷果、吊瓜子、腰果、若羌灰枣、黑加仑葡萄干）
产品卖点	三只松鼠品牌形象，产品绿色、新鲜
竞争优势	1. 品牌人格化；2. 产品森林系定位； 3. 用户体验至上（包装、客服个性化语言等）

2. 外部环境分析

外部环境分析是一个综合性的过程，第一，需要关注宏观经济环境。经济增长、消费能力和消费者信心的增强通常会推动电子商务行业的发展，而经济衰退、不稳定的就业市场等则可能对其造成负面影响。此外，政府的政策环境也起着重要作用，如产业政策的支持、税收优惠、金融服务支持等，都能推动电商行业的快速发展。

第二，技术环境是不可忽视的因素。移动互联网技术、人工智能、大数据分析等新技术的应用将推动电子商务行业的发展，为店铺提供更高效的运营手段和更精准的市场定位。

第三，社会文化环境对店铺的影响不容小觑。消费者的购物习惯、对电子商务的信任度和期望等都会影响店铺的经营策略。同时，社会文化潮流和趋势会影响商品的需求与销售。

第四，竞争环境是外部环境分析的重要部分。这包括来自国内外各个规模和类型的电商平台、传统实体零售商的转型等竞争对手。了解他们的市场定位、经营策略、商品特点等，有助于店铺制定更有针对性的竞争策略。

第五，法律和政策环境是店铺外部环境分析的重要组成部分。例如，电子商务行业需要遵守的行业规范、税收政策、数据保护和隐私政策等相关法律与政策都会对行业发展产生重要影响。

综上所述，店铺外部环境分析是一个复杂且必要的过程，需要综合考虑多个因素。通过对这些因素进行深入分析，店铺可以更好地把握市场机遇，应对挑战，实现持续发展。

外部调研要求全面了解店铺外部市场及竞争对手的情况，主要包括企业所在行业的发展情况及行业特点、行业排名前三的店铺分析、竞争对手分析等内容。

其中，竞争对手分析是店铺外部调研最关键的内容。研究竞争对手的商品特点、目标群体、营销策略、营销方向、软文或视频制作方法、软文或视频投放渠道及效果等，做到知己知彼，优势借鉴，从而找到适合企业自身引流的方法。

竞争对手的调研主要分两步：

第一，找出风格类似且排名与本店形成竞争（看生意参谋中竞店分析）的店铺作为竞争对手；

第二，在网上检索竞争对手主打商品（如坚果、碧根果）等关键词，或直接在店铺的官方网站、官方微博及微信公众号上查看。研究同类竞品的推广软文或视频，主要宣传商品有哪些方面的特性，运用何种方法制作软文或视频，以及主要投放渠道和效果等方面的内容。

> **课堂讨论**
>
> 如果需要查找收集竞争对手的软文，你会通过怎样的方式去查找？
> （1）百度搜索品牌关键词进行搜索；
> （2）官方网站、微博、微信公众号等进行搜索查找；
> （3）各大媒体上进行收集；
> （4）其他方式。

图 5.3　竞争对手软文调研

小组开展本店铺竞争对手调查，并完成表 5.3。

表 5.3　店铺竞争对手调查

主打产品	
产品特性	
选题角度	
投放渠道	

例如，三只松鼠旗舰店的竞店（如良品铺子）分析。

表 5.4　三只松鼠竞店调查分析

主打产品	益生菌坚果（核桃、榛子仁、腰果、蓝莓干、黑加仑）
产品特性	添加活性益生菌、0 添加蔗糖、高钙、干湿分离锁鲜包装
选题角度	好原料造就好味道，美味感动世界
投放渠道	微信公众号、微信视频号、微博等

三、用户分析

（1）客户调研实操：进入竞店店铺商品页面，查看用户的评价、差评原因、好评原因、商品所提问题与用户回答等，以此为基础确定引流策略、软文或视频主题及投放渠道。

（2）登录淘宝平台查找竞店用户评价等相关资料，填写分析表格。

表 5.5 竞店用户评价分析

性别年龄	
行为习惯	
客户评价	

例如，三只松鼠旗舰店的客户群体分析。

表 5.6 三只松鼠客户群体分析

性别年龄	"80后""90后"互联网用户群体
行为习惯	"80后""90后"个性张扬，有自己的主见和行为准则，他们追求时尚、享受生活、善待自己，对细节挑剔，习惯网购，注重全方位的消费体验
客户评价	口感味道好、有礼物盒、没怪味、好吃、价格小贵

（3）依据本店铺用户分析，小组讨论本店铺适合的站外推广方式。

四、引流策划

（1）推广策划的基本流程如下。

①明确行动目标：行动目标是指网店通过外部引流要实现的目标。一般来说，引流的目标主要是优化流量、提升转化率、增强用户黏性。

②明确实施策略：实施策略是指根据网店引流总的费用预算制订引流投放的实施计划，主要包括投放渠道、投放数量、投放时间及对应的费用预算等。

③明确选题的角度：根据已明确的行动目标及实施策略，进一步确定选题的角度，即围绕具体的行动目标、投放渠道等策划要素拆解出多个不同的软文或视频的制作角度，并根据费用预算调整投放渠道及数量，最终筛选出最适合的角度。

进行引流策划时，可把策划的 6 个要素制作成表格以便记录及自行检查。

（2）小组讨论分工，确定店铺推广策划方案。

五、推广计划制订

（1）制订具体的执行计划：包括投放时间、投放渠道、投放预算、投放内容等。计划要详细列出每一步的执行步骤和时间节点，确保计划的顺利实施。

（2）制定具体的推广策略：包括推广渠道、推广方式、推广预算等。

（3）小组合作，查找资料，进入店铺后台，获取店铺基本数据和竞店店铺情况。制作站外推广方案，要求方案目标可测可评，措施具体，有项目预算。小组讨论确定店铺推广计划并填入表 5.7。

表 5.7 店铺推广计划

计划要素	计划内容
推广目标	
投放时间	
推广方式	

续表

计划要素	计划内容
推广产品	
推广措施	
推广预算	

六、任务评价

(1) 在网络教学平台上传本店铺推广策划表格，各小组相互评分。

(2) 展示推广策划方案，分享本店推广策划为什么采用目前的投放方式。

表5.8 任务评价

指标	标准	分值
整体设计	要素齐全，方案要素齐全，有目标、有措施、有预算	20分
	资料齐全，方案资料数据真实，市场调查过程全面	20分
目标设计	可评可测，推广目标有具体指标，可用数值衡量	20分
措施设计	具体实施，推广措施具体可实现，有预算	20分
团队合作	分工合作，团队成员知识、能力、性格互补，职能岗位分工明确	20分

任务2　站外推广之软文创意

目标要求

知识目标	1. 掌握商品推广软文标题的几种常见形式。 2. 了解商品推广软文的基本结构。 3. 掌握商品推广软文的发布运营流程。
技能目标	1. 能根据商品推广目标确定软文标题。 2. 能根据推广商品特征及推广目标撰写推广软文。 3. 能根据商品推广目标投放运营软文。
素养目标	1. 激发爱国热情，树立积极正确的价值观。 2. 强化自主探究、积极竞争和工匠精神等职业素养。

任务内容

助农店铺已经创建并完成装修，梨膏糖、莲子等商品已经上架，各小组需要对店铺商品进行推广，本次任务是开展站外软文推广。

先导任务

1. 看一看

(1) 开展市场调查，收集竞品店铺推广软文。

（2）参考竞品店铺软文，收集制作商品软文写作素材。

2. 学一学

（1）观看微课资源，学习软文写作原则。

软文写作的三大原则：吸引力原则、关键词原则、精简性原则。

（2）软文撰写的主要内容：标题提炼、内容布局、结尾撰写、广告自然植入以及金句提炼等方面。

（3）软文标题撰写的12种方式如下。

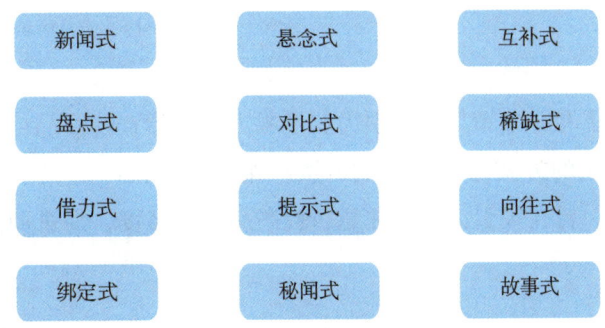

图5.4　12种软文标题写作方式

●新闻式标题组成："时间+地点+事件"或"人物+时间（地点）+事件"。

例如，万圣节长隆欢乐轰趴，"惊"喜翻番。

●盘点式标题组成："数字+品类/知识技巧+好处"。

例如，上班族的理财选择，5个理财小技巧，教你摆脱"月光"。

●借力式标题组成："热点事件/知名人物+广告类别"。

例如，春节宅家，这4类纪录片绝了。

●绑定式标题组成："符合读者的身份标签+关注的话题"。

例如，月入2.5万元北漂家庭，如何理财实现3年生娃5年买房。

●悬念式标题组成：一种是反常型悬念标题，句式是"反常或好奇的内容+引出疑问"；另一种是恐惧型悬念标题，句式是"警惕性词语+具体悬疑的内容"。

例如，反常型：水果也有副作用，这5种不是所有人都能吃。

恐惧型：当心！双脚是全身健康放大镜，出现这7个症状千万别忽视。

●对比式标题组成：对比过去式标题组成："过去失败经验+现在应该如何避免"。对比他人式标题组成："同样的工作/年龄/收入等，别人做了A事件而自己没做导致了差距"。

例如，你还在微信聊天？他们都用手机学英语。

●提示式标题组成："目标群体+提示性词语+具体提示的内容"。

例如，教育部最新资讯：高考今天可查分！填志愿这几个流程一定要清楚。

●秘闻式标题组成："前缀+秘闻内容+后缀"。

例如，航空公司不会告诉你，在这订机票低至1折，90%的人都不知道。

●互补式标题组成："在A中加入/配上B+更佳效果的描述"。

例如，海带能减肥，配上这种蔬菜一起吃减肥效果更佳。

● 稀缺式标题组成："稀缺性关键词+具体稀缺的内容"。

例如，最后1天！腾讯视频VIP买一年送一年。

● 向往式标题组成："描述向往事件+如何达成"。

例如，手残党轻松搞定新年家庭聚餐，只要拥有它你也可以。

● 故事式标题组成："过去的辛酸+现在的成功"。

例如，从濒临倒闭到年收入千万元，20年来他把一碗米饭做到极致。

一、软文推广

1. 软文推广概念

软文推广是一种通过撰写并发布具有吸引力和说服力的文章宣传商品或服务的营销手段。它注重以柔克刚，通过潜移默化的方式影响读者的购买决策。软文推广的文章通常以新闻、故事、评论、经验分享等形式呈现，旨在吸引读者的注意，提高品牌知名度，促进商品销售，以及建立良好的企业形象。

2. 软文推广目标

软文推广的目标主要是提高品牌曝光度和知名度，促进用户转化和销售增长。它具有营销性强、文化性强、创意性强、信息量大等特点。软文推广的内容必须详细介绍商品或服务的特点、优势和使用方法等信息，从而加深读者对商品或服务的了解程度。

3. 软文推广流程

以下是软文推广的详细流程。

（1）明确推广目标：这是软文推广的第一步，目标可能是提高品牌曝光度、推广某个商品或服务，或者提高网站的流量和转化率。只有明确了推广目标，才能有针对性地进行软文的撰写和推广。

（2）选定推广平台：根据推广目标和受众群体，选定合适的推广平台。比如，如果目标是推广某款美妆产品，则可以选择在美妆类的网站或社交媒体平台上发布软文。合适的平台能够更好地将软文传播给目标受众。

（3）挖掘关键词并撰写软文：软文推广主要依赖搜索引擎的排名，因此，挖掘一些有指数且精准的长尾关键词是非常重要的。这些关键词可以来源于百度下拉词、百度相关搜索等。软文标题应包含长尾关键词，并在内容中自然地出现几次，以提升搜索引擎的排名。同时，软文的撰写需要吸引人，要提供有价值的内容，并引导读者采取行动，如购买商品、参与活动等。

（4）发布推广软文：软文撰写完成后，需要选择合适的时间和方式进行发布。发布时间可以选择受众活跃度较高的时间段，如晚上或周末；发布平台可以选择受众集中的地方，以提高软文的曝光度和传播效果。

（5）监测推广效果：软文发布后，需要定期监测推广效果。可以通过搜索关键词查看软文是否在搜索引擎中有良好排名，分析点击量、转化率等指标，了解软文推广的效果。如果效果不佳，则可以调整关键词或优化软文内容。

此外，合作与合作伙伴也是软文推广的一个重要环节。与其他网站、媒体或博主进行合作，互相推广和分享软文内容，可以扩大影响，增强推广效果。总之，软文推广是一个系统性的过程，从明确目标、选定平台、撰写软文，到发布和监测效果，每个环节都需要精心策划和执行。有效的软文推广，可以提升企业或商品的知名度和影响力，实现营销目标。

4. 软文推广注意事项

实施软文推广时，需要选择合适的平台，根据所要推广的商品或服务的特点和目标用户的需求，选择合适的网络平台进行软文推广。此外，还需要运用多种软文推广方法，如故事营销、经验分享、案例分析、行业热点关注、对比评测、活动宣传、媒体发布以及与KOL合作等。

然而，软文推广也面临一些挑战。撰写高质量的软文需要一定的技巧和经验，同时，在信息高度爆炸的互联网时代，如何让软文在众多信息中脱颖而出，引起受众的关注也是一项难题。

总的来说，软文推广是一种有效的营销手段，可以帮助企业提升品牌知名度、促进产品销售，但需要注重软文的质量和选择合适的推广策略。

二、标题撰写

（1）选取几种适合商品推广的标题形式，结合案例拆解标题。

①盘点式标题：忍痛分享30个连衣裙品牌，便宜好看到不想告诉你们。

②悬念式标题：当心！双脚是全身健康放大镜，出现这7个症状千万别忽视。

③互补式标题：海带能减肥，配上这种蔬菜一起吃减肥效果更佳。

（2）小组开展头脑风暴，确定本组产品标题的表现形式。

（3）运用所学标题写法撰写店铺软文标题，撰写标题时请注意结合商品特征。

软文标题

三、结构拆解

（1）店铺软文内容结构布局。

- 并列式：让卖点更清晰。并列式的正文布局，是指正文的各部分是并列平行又相互独立的，同时为说明中心论点服务。并列式正文布局的好处在于，能更清晰全面地把商品或服务的卖点阐述清楚，有利于增强读者的信任。

- 演绎式：让说服更有力。演绎式的正文布局，是指软文通过严谨的逻辑铺排，引导读者步步深入，让读者顺应文中内容，循序渐进地得出作者想要告知读者的推理结论。内容步步铺排、论证层层递进的演绎式正文布局，让读者能更深入地了解商品，慢慢接受作者想要传达给他们的品牌理念，从而说服读者行动。

- 悬念式：让产品具黏性。悬念式的正文布局，是指通过设置疑团引起读者的好奇，让读者迫切地想要往下阅读找到答案。即把文章中最吸引人的情节前置设疑，然后在正文部分层层铺垫，慢慢解开答案。

- 痛点式：让行动更果断。痛点式的正文布局，是指通过唤醒读者的痛点，对自己的现状产生不满或对将要发生的事情产生不安，从而引出想要推广商品或服务的卖点，给读者提供切实可行的解决方案，促使他们行动。主要的表现形式是唤醒读者痛点后，提供解决对策，导出商品推广，最终完成转化。

●体验式：让行动更果断。体验式正文布局指的是以消费者或第三方的口吻，通过对消费及使用产品的过程体验进行描述，给读者提供真实客观的建议的同时植入推广产品的优点，进一步加深产品在读者心中的印象，让读者不知不觉中接受产品及产生购买兴趣。主要的表现形式是：描述消费及使用产品的过程体验，客观地评论产品的优缺点，在与同类产品比较中突出自身卖点并生成最终建议，完成产品促销、口碑引导等营销目的。

（2）阅读以下软文案例，小组讨论该软文采用的是哪种软文结构。

咳嗽不止，何不让甜蜜来守护

每当季节交替，小孩子的咳嗽声总是不绝于耳。吃药、打针，各种方法都试过，却仍然难以摆脱这恼人的咳嗽。看着孩子难受的样子，家长们更是焦急万分。

其实，有时候，大自然已经给了我们答案。你知道吗？有一种甜蜜的守护神，它不仅能滋润喉咙，还能缓解咳嗽，让孩子远离药物的苦涩。它，就是梨膏糖。

梨膏糖，采用新鲜梨汁精心熬制而成，每一口都是甜蜜的呵护。让孩子在享受美味的同时，也能感受到健康的力量。让梨膏糖成为你家庭中的甜蜜守护者吧！

（3）小组分工合作，仿照范例，根据产品特点，讨论本组采用哪种软文结构，注意软文结构与商品特征相符，同时注意与软文标题保持一致。

软文结构布局

四、结尾撰写

（1）软文结尾的四大类型：首尾呼应式、篇尾升华式、巧妙发问式、神转折式。

●首尾呼应式结尾能让文章脉络互相贯通，结构更加完整，也能让文章的立意找到落脚点。

●篇尾升华式结尾是指软文开篇没有提出明确的主旨，在结尾的时候通过一句话或一段话来点明主旨、升华主题。篇尾升华式结尾起到卒章显志、画龙点睛的作用。

●巧妙发问式结尾多用于叙述性软文，是指在结尾处写下深刻含义的结束语后加入问句，引起读者反思，强化主旨。

●神转折式结尾是指软文正文部分一直在叙述一个与推广商品无关的内容，但在结尾部分突然转折到另一个看似与之前叙述的内容毫不相干的话题，或是在结尾部分亮出一个出人意料、峰回路转的结局并展示广告。

（2）软文开头结尾非常关键，一般会排布全文最精彩的语句，俗称"金句"，金句提炼的八大招式如下。

例如：中华汽车——世界上最重要的一部车是爸爸的肩膀；

今周刊——别人看历史，我们看未来；

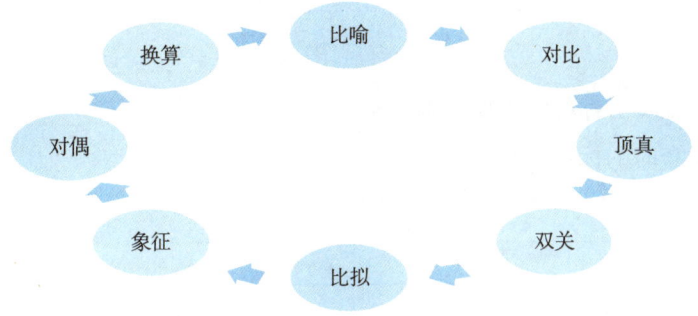

图 5.5　金句提炼八大招式

丰田汽车——车到山前必有路，有路必有丰田车；

特步运动鞋——特步，飞一般的感觉；

红桃 K 补血冲剂——补血，我就服红桃 K；

大白兔奶糖——美味蹦出来；

方太水槽洗碗机——要捡起心中的梦，先放下手中的碗；

Airbnb 民宿短租平台——睡在山海间，住进人情里；

泸州老窖——别把酒留在杯里，别把话放在心里；

OPPO 手机——充电 5 分钟，通话 2 小时。

（3）小组分工合作，根据商品特点，运用金句撰写的技巧，撰写本组软文开头、结尾，注意与软文标题保持一致。

软文开头：
软文结尾：

五、软文撰写

（1）整理课前准备的软文资料，根据标题以及软文结构确定软文内容素材。

（2）根据标题以及软文结构确定软文内容素材。做到文章主题紧扣推广目标；文章内容能吸引网民，结构严谨、文笔通顺。

（3）小组分工合作，注意分工，先讨论软文内容分为几部分，然后小组内每个同学负责一部分内容撰写。为自己的店铺撰写一篇推广软文。要求：字数不少于 200 字，软文能够让潜在客户了解商品的特点和卖点，能很好地把推广信息传递给潜在消费者，形式不限，但不能直接以广告形式发布。

软文内容

（4）小组讨论，优化软文。

六、软文发布

（1）根据商品特征及目标群体特征，确定软文发布平台。
（2）确定软文发布时的标签及发布时间。

软文发布平台：

软文发布标签：

七、成果展示

（1）展示、分享本组软文，各小组相互评分。
（2）小组讨论优化软文，并将软文投放到真实平台检验引流效果。

表5.9 任务评价

指标	标准	分值
整体设计	主题鲜明，符合产品特征，展现产品特点	20分
	要素完整，素材充实、完整、真实	20分
内容设计	创新创意，内容有风格、有特色、有创意	20分
推广效果	引人注意，观看量、引流量有显著提升	20分
团队合作	分工合作，团队成员知识、能力、性格互补，职能岗位分工明确	20分

案例

从濒临倒闭到年收入千万元：他如何用二十年时间将一碗米饭做到极致

在繁华的都市中，有一个小店，名叫"极致米饭屋"。虽然店面不大，却吸引了无数食客前来品尝。这家店的老板张先生，用他二十年的坚持和努力，将一碗普通的米饭做到了极致，实现了从濒临倒闭到年收入千万元的华丽转身。

二十年前，张先生还是一名普通的打工者，因为对美食的热爱，他选择了创业，开了一家小吃店。然而，由于缺乏经验和市场竞争激烈，小店的生意一直不景气，濒临倒闭。面对困境，张先生没有选择放弃，而是开始反思自己的经营方式和产品特色。

张先生发现，虽然市面上的小吃店众多，但大多数缺乏特色和品质。他意识到，要想在市场中脱颖而出，就必须在产品的品质和创新上下功夫。于是，他决定将小店的主打产品定为米饭，并立志要做出与众不同的米饭。

为了提升米饭的品质，张先生开始研究各种米的特性，尝试不同的烹饪方法和配料。他亲自挑选优质的大米，用心淘洗、浸泡、蒸煮，确保每一粒米饭都饱满、软糯、香甜。同时，他研发出了多种口味的米饭，如海鲜饭、咖喱饭、红烧肉饭等，满足不同食客的口味需求。

在产品的创新上，张先生也下足了功夫。他注重米饭的摆盘和呈现方式，让每一碗米饭都如同艺术品一般精致。他还引入了智能化的点餐系统和快捷的支付方式，提升了顾客的消费体验。此外，他还经常举办各种促销活动，吸引更多的食客前来品尝。

随着产品品质的提升和不断创新,小店的生意逐渐好转。越来越多的食客为张先生的米饭所吸引,纷纷前来品尝。小店的口碑也逐渐传播开来,吸引了更多的顾客。

然而,张先生并没有因此满足。他深知,要想在市场中长久立足,就必须不断追求更高的品质和服务。于是,他继续深入研究米饭的制作技艺,不断尝试新的烹饪方法和配料。同时,他加强了对员工的培训和管理,确保每一名员工都能为顾客提供优质的服务。

经过多年的努力,张先生的"极致米饭屋"已经成为当地的一张名片。小店的年收入也从最初的勉强维持生计,增长到了千万元级别。张先生用自己的坚持和努力,实现了从濒临倒闭到年收入千万元的华丽转身。

张先生的成功并非偶然,而是他多年来对品质的坚持和对创新的追求的结果。他用自己的行动诠释了"把一碗米饭做到极致"的理念,也为我们展示了一个普通人通过不懈努力和创新实现梦想的励志故事。

在这个竞争激烈的时代,我们需要像张先生一样,只有不断追求更高的品质和服务,才能在市场中脱颖而出。同时,我们需要保持一颗创新和进取的心,只有不断尝试新的方法和思路,才能在人生的道路上走得更远。张先生的故事告诉我们,无论身处何种困境,只要我们坚持不懈地追求梦想,勇于创新和突破自我,就一定能够实现自己的价值,创造属于自己的辉煌人生。

如今,"极致米饭屋"已经成为城市中的一道亮丽风景线。每当夜幕降临,小店的灯光亮起,那一碗碗香气扑鼻、色香味俱佳的米饭,就会吸引无数食客前来品尝。而张先生,也继续他的美食之旅,不断探索和创新,为更多食客带来更好的味觉体验。

从濒临倒闭到年收入千万元,张先生用二十年的时间将一碗米饭做到了极致。他的故事不仅是一段创业传奇,更是一种对品质和创新的执着追求。在未来的日子里,我们相信张先生会继续带领他的"极致米饭屋"走上更高的巅峰,为更多的人带来美食的享受和生活的美好。

任务3 站外推广之短视频制作

目标要求

知识目标	1. 理解商品推广短视频的内容主题。 2. 了解商品推广短视频内容的风格特点。 3. 掌握商品推广短视频发布的运营流程。
技能目标	1. 能根据商品推广目标确定内容主题。 2. 能根据平台定位和内容主题确定合适的视频风格特点。 3. 能根据商品推广目标发布运营短视频。
素养目标	1. 养成客户服务意识和质量意识。 2. 发现自我潜能,激发创新、创业热情,提升职业价值感。

任务内容

助农店铺已经创建并完成装修,梨膏糖、莲子等商品已经上架,各小组需要对店铺商品进行推广，本次任务是开展站外视频推广。

先导任务

1. 看一看

查找竞品店铺引流视频，分析视频中的记忆点。

2. 学一学

观看微课资源，学习短视频推广前期所需做的准备工作；设置短视频的封面图、标题、标签文案。

封面：又称"头图"，它是用户第一眼看到的内容，会给用户留下第一印象。

标题：明确用户标签、痛点，找准关键词。

标签：标签是短视频创作者定义的用于概括短视频主要内容的关键词。对短视频平台而言，标签就相当于用户画像，标签越精准，就越容易得到平台的推荐，直接到达目标用户群体。

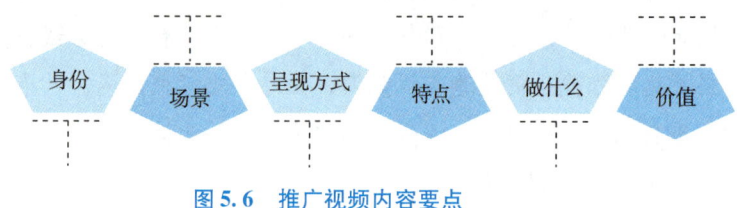

图5.6　推广视频内容要点

一、短视频推广

1. 短视频推广基本概念

短视频推广是指通过短视频平台，发布各种形式的短视频内容，以达到宣传、推广商品或服务的目的。这种推广方式利用短视频的直观性、趣味性和互动性，能够迅速吸引目标受众的注意，提高品牌知名度和产品销量。

在短视频推广中，制作高质量、有趣、有创意的短视频内容是关键。内容需要能够吸引目标受众的兴趣，同时传达出商品或服务的核心价值和优势。此外，选择合适的短视频平台、精准定位目标受众、制定有效的推广策略等也是短视频推广成功的重要因素。

2. 短视频推广策略

短视频推广有多种策略，包括社交媒体推广、搜索引擎优化、内容合作、付费推广、线下推广等。例如，通过社交媒体平台分享和推广短视频，利用平台的算法推荐和用户互动，将视频推送给更多潜在观众；通过优化短视频的标题、描述、标签等元数据，提高视频在搜索引擎中的排名，提高曝光率；与相关领域的意见领袖、网红或品牌进行合作，通过互相推广、联合活动等方式，扩大视频的传播范围和影响；通过广告投放、赞助等方式，将短视频推送到更广泛的受众群体中；将短视频与线下活动、宣传物料等相结合，通过线下渠道进行推广；针对同一主题或系列制作多个相关短视频，形成系列内容，提高观众黏性和关注度。

此外，短视频推广者还需要注意一些推广技巧，如保持更新频率、录制热门内容、多重互动等，以增加视频的播放量和提高关注度。

3. 短视频推广流程

短视频推广的流程涉及多个关键步骤,以确保内容能够有效地传达给目标受众并产生预期效果。以下是短视频推广的一般流程。

(1) 明确推广目标:需要明确推广的目标,如提高品牌知名度、增加商品销售、引导用户参与活动等。明确的目标有助于制定更具针对性的推广策略。

(2) 确定内容定位与策划:根据目标受众的需求和兴趣,确定短视频内容的定位。内容需要既符合品牌风格,又能吸引目标受众。同时,制定详细的内容策划,包括主题、风格、拍摄方式等。

(3) 制作短视频:按照策划内容,进行短视频的拍摄和制作。注意视频质量、内容创意和用户体验,确保短视频能够吸引观众并传达出商品或服务的核心价值。

(4) 优化视频信息:为短视频添加合适的标题、封面图、标签和简介等信息。这些信息有助于提高视频的搜索排名和点击率,从而增加曝光量。

(5) 发布与推广:将短视频发布到各大短视频平台,如抖音、快手等。同时,利用社交媒体、广告投放、内容合作等多种渠道进行推广,扩大视频的传播范围。

(6) 互动与运营:在视频发布后,积极与观众互动,回应评论和私信,提高用户黏性。同时,根据观众反馈和数据分析,优化短视频内容和推广策略。

(7) 评估与调整:定期评估短视频推广的效果,包括观看量、点赞量、评论量等指标。根据评估结果,调整优化短视频内容和推广策略,提高推广效果。

需要注意的是,短视频推广是一个持续的过程,需要不断优化和调整策略。同时,保持创新和趣味性是吸引观众的关键。精心策划和执行短视频推广流程,可以有效地提高品牌知名度和产品销量。短视频推广具有巨大的商业价值,对于品牌推广、商品销售等都有显著的效果。

二、风格定位

(1) 短视频的主题类型:美食类、时尚类、知识类、才艺类、萌娃类、家居类、萌宠类、运动健身类、测评类、旅游类、探店类。短视频的风格定位:讲解类、故事类、纪录片类、动画类等。

图 5.7 梨膏糖短视频主题类型

（2）小组讨论：商品推广视频可以采用哪种主题类型和风格？

（3）小组分工合作：在短视频平台上收集与本组类似领域的 10 条点赞过万的短视频选题，分析该领域"爆款"选题，并进行借鉴，从而获得灵感和思路，拓宽选题范围。例如，梨膏糖推广视频的主题是小时候的味道。

（4）小组开展头脑风暴，根据本店铺商品特性及目标用户特征，确定本组短视频主题。

表 5.10　确定商品短视频主题

视频类型：
视频主题：
视频风格：

三、大纲确定

（1）拍摄提纲是指短视频的拍摄要点，对拍摄内容起提示作用。

①前期准备：搭建框架、主题定位、人物设置、场景设置、故事线索、影调运用、背景音乐。

②写作结构确定：先拟定一个整体结构，以"总—分—总"结构居多。开始的"总"是指表明主题；"分"是指详细叙事；最后的"总"是指总结收尾，重申主题。

③明确场景人物：人物的台词、动作和表情设定，拍摄场景选择。

④明确拍摄方式：镜头的运用、景别的设置、镜头的时长、机位的选择、影调的运用和道具的选择。

（2）小组分工合作，在短视频平台搜索推广商品相关领域的短视频，观看 3 条典型的短视频，分析其内容结构，并结合本组短视频选题策划短视频的内容结构。

（3）小组开展头脑风暴，确定本组短视频大纲。

表 5.11　短视频大纲

视频标题	
视频结构	场景一
	场景二
	场景三
	场景四
视频音乐	

四、脚本撰写

（1）视频脚本撰写流程如下。

①明确选题、立意和创作方向，确定创作目标。

②明确表现技巧、构图、光线和节奏。

③呈现场景的转换、结构、视角和主题。

④完善细节，补充剪辑、音乐、解说、配音等内容。

（2）小组分工合作，根据内容主题、风格特点，撰写一份简要的推广视频脚本。要求视频主题明确，紧扣推广目标；视频内容生动有吸引力，能发挥引流传播的作用。

表 5.12　视频脚本

镜号	拍摄手法	景别	时长	画面内容	台词	背景音乐
1						
2						
3						
4						
5						

例如，某宿舍好物的某一镜头脚本。

表 5.13　某一镜头脚本

镜号	拍摄手法	景别	时长	画面内容	台词	背景音乐
1	固定镜头	中景	3 秒	展示商品营养成分表	纯天然原材料，纯手工制作	轻快愉悦的背景音乐

五、视频制作

（1）视频包含标题、封面、转场设置、音乐、字幕、片尾等。

（2）小组分工合作整理课前准备的资料，根据撰写好的脚本拍摄视频片段。

（3）小组讨论确定视频标题、封面、转场方式、音乐、字幕等，运用剪映等工具完成视频剪辑。

六、成果展示

（1）展示分享本组视频，各小组相互评分。

（2）小组讨论优化视频，并将视频投放到真实平台检验引流效果。

表 5.14　任务评价

指标	标准	分值
整体设计	主题鲜明，符合商品特征，展现商品特点	20 分
	要素完整，素材充实、完整、真实	20 分
内容设计	创新创意，内容有风格、有特色、有创意	20 分
推广效果	引人注意，观看量、引流量有显著提升	20 分
团队合作	分工合作，团队成员知识、能力、性格互补，职能岗位分工明确	20 分

任务 4　站外推广之内容投放

目标要求

知识目标	1. 熟悉影响站外推广的影响因素。 2. 掌握站外推广的流程与技巧。

	续表
技能目标	1. 学会依据所学站外推广优化技巧实施站外引流推广。 2. 学会根据推广效果进行优化分析，提出改进措施。
素养目标	1. 养成客户服务意识和质量意识。 2. 发现自我潜能，激发创新、创业热情，提升职业价值感。

任务内容

助农店铺已经创建并完成装修，梨膏糖、莲子等商品已经上架，各小组需要对店铺商品进行推广，本次任务是实施站外推广。

先导任务

1. 看一看

各小组展示前期软文、视频推广的浏览量、点赞量等基本数据，讨论分析推广效果如何。

2. 学一学

（1）观看微课资源，学习站外推广效果的相关知识。

站外推广效果的主要影响因素：内容质量、发布渠道、发布时间、用户特征等。

推广效果数据指标：包括播放量、点赞量、评论量、转发量、收藏量、平均播放进度和跳出率、播放时长、播放完成度等。

（2）观看微课资源，学习推广优化的步骤：

①推广数据信息收集；
②推广数据信息分析；
③推广优化实施措施；
④推广优化复盘改进。

一、信息收集

（1）通过收集并分析视频和软文的播放量、观看时长、点赞数、评论数、分享数等数据，可以全面评估视频推广的效果，了解受众的参与度和互动情况。数据信息在视频推广效果分析中具有重要作用，可以帮助企业全面评估推广效果、优化内容制作、定位目标受众、调整推广策略以及预测未来趋势，从而提高视频推广的效果和投资回报率。

（2）小组分工合作，查找本店铺商品和其他团队站外推广效果的相关数据，填写推广效果采集表。

表 5.15　推广效果采集表

指标	本组	他组	他组
播放量			
点赞量			
评论量			
转发量			

续表

指标	本组	他组	他组
收藏量			
平均播放时长			
转化率			

二、信息分析

1. 数据分析指标

短视频效果数据分析是评估短视频推广效果的关键环节，它可以帮助推广者了解短视频的表现，优化推广策略，从而提高推广效果。以下是一些短视频效果数据分析的要点。

首先，短视频推广者需要收集短视频的关键数据指标，包括播放量、点赞量、评论量、转发量、收藏量等。这些指标可以反映短视频的受众规模、用户互动程度和内容受欢迎程度。同时，播放时长、平均播放进度和跳出率等指标能揭示观众对短视频内容的兴趣与参与度。

其次，通过对这些数据进行深入分析，可以了解短视频在不同平台、不同时间段的表现差异，以及受众群体的特征和偏好。例如，通过分析不同平台的用户数据，可以了解哪个平台更适合推广；通过分析不同时间段的播放量，可以确定最佳的发布时间。

再次，短视频推广者需要关注转化率这一重要指标。转化率体现了观看视频后，用户对商品或服务的使用意愿，能够反映短视频推广的实际效果。通过对比不同短视频的转化率，可以评估不同内容的推广效果，进而优化内容策略。

最后，利用数据分析工具（如 Excel、Tableau、Python 等），可以将数据转换为易于理解的图表和报告，便于推广者直观地了解短视频的推广效果。这些工具还能帮助推广者进行趋势预测和策略调整，以应对市场变化。

综上所述，短视频效果数据分析是一个全面、系统的过程，需要关注多个数据指标和维度。通过深入分析这些数据，推广者可以更好地了解短视频的表现，优化推广策略，提高推广效果。

2. 推广效果数据分析

将收集的推广效果数据整理成表格或图表，并使用数据可视化工具（如 Excel、Tableau、Power BI 等）对数据进行可视化处理。观察数据随时间变化的趋势，找出增长或下降的模式。将当前数据与过去的数据、行业数据或竞争店铺的数据进行比较，找出差异和优势。

（1）从以下因素中分析推广效果。

平台选择：选择主流的视频平台且内容形式多样，适合网店的推广需求。

内容制作：根据店铺的特点和商品属性，确保内容有趣、有吸引力。

发布频率：每周发布 2～3 个视频，保持内容更新的频率，提高用户的关注度。

互动增强：在视频下方设置互动环节，如提问、投票等，增强用户的参与感，同时收集用户反馈。

（2）小组分工合作，对获取的数据进行分析，认真讨论文本分析结果，找出本组站外推广的优势和目前存在的问题。

表 5.16 推广数据分析

分析指标	存在的问题
平台选择	
视频内容	
互动元素	
发布频率	

知识加油站

高观看次数和平均观看时长：可能意味着视频内容吸引人，但也可能需要优化视频长度和节奏。

高点赞数和评论数：可能表明视频内容受到用户喜欢和认可，可以加强互动和社交元素。

低转化率：可能意味着视频内容与商品推广不够匹配，或者需要优化购买流程。

三、实施优化

（1）站外推广优化措施用户运营，与用户建立紧密的联系，并尽可能地吸引更多的用户，主要方法包括以下几个方面。

①增强互动，提升用户黏性：选择互动性强的话题、引导互动、评论互动。

②发起活动，提高用户活跃度：挑战类活动、创意征集活动。

③强化情感连接，让用户具有归属感：营造情怀、展现人文关怀。

（2）搜索园艺博主海蒂的花园推广视频，分析拆解其视频播放量高、转化率高的主要原因：标题、封面、音乐、文案、画面等。

图 5.8 某推广视频

（3）思考目前的软文和视频内容、投放方式、投放时间等是否适合商品的主要目标用户人群。

小组讨论,分析本店铺的目标用户人群,借鉴优秀案例的做法,根据小组讨论的优化措施,从投放时间、投放平台、内容质量与形式等方面实施推广优化。

表 5.17　推广优化措施

优化要素	优化措施
视频标题	
投放方式	
投放时间	
视频音乐	
视频标签	
视频画面	
视频文案	

四、成果展示

提交本店铺推广优化措施,各小组相互评分。

表 5.18　任务评价

指标	标准	分值
整体设计	要素齐全,方案要素齐全,有目标、有措施、有预算	20 分
	资料齐全,方案资料数据真实,市场调查过程全面	20 分
目标设计	可评可测,推广目标有具体指标,可用数值衡量	20 分
措施设计	具体实施,推广措施具体可实现,有预算	20 分
团队合作	分工合作,团队成员知识、能力、性格互补,职能岗位分工明确	20 分

项目五小结

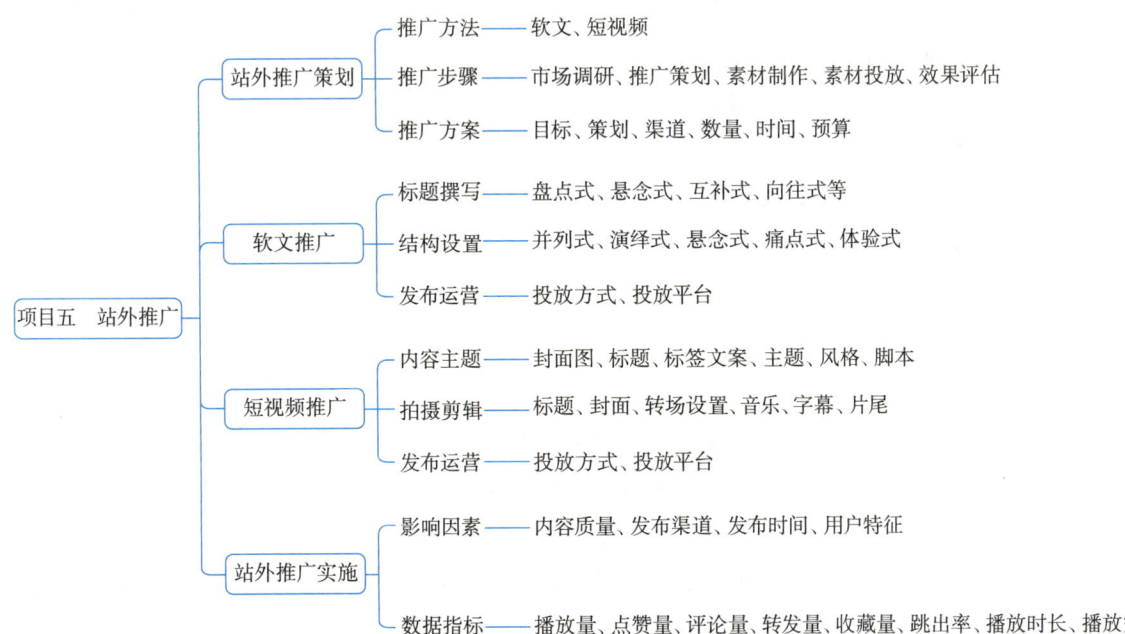

项目五测试

一、单选题

1. 软文标题"忍痛分享30个连衣裙品牌,便宜好看到不想告诉你们"属于哪种类型标题写法?( )

   A. 盘点式　　　　　　B. 悬念式　　　　　　C. 对比式　　　　　　D. 新闻式

2. 目标制定方法 SMART 中,M 代表( )。

   A. 可实现的　　　　　B. 可衡量的　　　　　C. 有时间限制的　　　D. 具体的

3. 软文标题"海带能减肥,配上这种蔬菜一起吃减肥效果更佳!"属于哪种类型标题写法?( )

   A. 盘点式　　　　　　B. 对比式　　　　　　C. 互补式　　　　　　D. 故事式

4. 某产品在小红书平台投放站外视频推广,视频展现量大但播放完整度不高,最可能是以下哪个原因?( )

   A. 投放时间不合适　　　　　　　　　　　B. 视频时长过长

   C. 视频封面、标题设置不具吸引力　　　　D. 投放平台不合适

5. 目标制定方法 SMART 中,A 代表( )

   A. 可实现的　　　　　B. 具体的　　　　　　C. 可衡量的　　　　　D. 相关的

二、多选题

1. 网店内部环境分析包括以下哪些因素?( )

   A. 网店产品卖点　　　B. 经营范围　　　　　C. 竞争对手　　　　　D. 目标群体

   E. 竞争优势

2. 网店外部环境分析主要分析以下因素:行业发展情况及行业特点,竞争对手( )。

   A. 行业发展情况　　　B. 行业特点　　　　　C. 竞争对手　　　　　D. 企业自身优势

3. 软文内容结构布局有以下哪些形式?( )

   A. 并列式　　　　　　B. 演绎式　　　　　　C. 悬念式　　　　　　D. 痛点式

4. 站外推广效果的主要因素有( )。

   A. 内容质量　　　　　B. 发布渠道　　　　　C. 发布时间　　　　　D. 用户特征

5. 推广效果数据一般包含的指标有( )。

   A. 播放量　　　　　　B. 点赞量　　　　　　C. 评论量　　　　　　D. 转发量

   E. 播放完成度

三、判断题

1. 标签是短视频创作者定义的用于概括短视频主要内容的关键词。( )

2. 对短视频平台而言,标签就相当于用户画像,标签越精准,就越容易得到平台的推荐,直接到达目标用户群体。( )

3. 短视频的内容主题类型:搞笑类、美食类、时尚类、知识类、才艺类、萌娃类、萌宠类、运动健身类、测评类、旅游类、探店类。( )

4. 拍摄产品推广短视频不需要根据内容主题、风格特点，撰写推广视频脚本。（ ）

5. 软文写作的三大原则：吸引力原则、关键词原则、精简性原则，意思是软文越短越好。（ ）

6. 软文能够让潜在客户了解商品的特点和卖点，能很好地把推广信息传递给潜在消费者。（ ）

7. 竞店店铺软文查找可以通过百度搜索品牌关键词进行。（ ）

8. 调研网店用户情况可以进入竞店店铺商品页面，查看用户的评价、差评原因、好评原因、产品所提问题与用户回答等。（ ）

四、简答题

请仿照"海带能减肥，配上这种蔬菜一起吃减肥效果更佳！"为商品湘莲撰写软文和短视频的推广标题。

项目六 活动推广

项目目标

1. 掌握各种活动推广方式，能依据店铺情况设计并实施活动推广方案。
2. 掌握店铺自主营销方法，能依据店铺实际情况实施自主营销活动。
3. 掌握大促活动方法，能熟练设计并实施大促推广活动。
4. 掌握直播活动方法，能熟练设计并实施直播推广活动。
5. 掌握微淘活动方法，能熟练设计并实施微淘推广活动。

任务1 活动推广之自主营销

目标要求

知识目标	1. 熟悉店铺促销的基本方式。 2. 掌握店铺促销方案的基本要素。
技能目标	1. 能列举出店铺促销的方式方法。 2. 能撰写要素齐全的店铺促销方案。
素养目标	1. 养成客户服务意识和质量意识。 2. 发现自我潜能，激发创新、创业热情，提升职业价值感。

任务内容

助农店铺已经创建并完成装修，梨膏糖、莲子等商品已经上架，各小组需要对店铺商品进行推广，本次任务是开展店铺自主营销。

任务辅助资源

百度指数、百度统计、百度移动统计、百度风云榜、百度预测、百度问卷、问卷星、腾讯问

卷、问卷网、艾瑞调研、友盟、阿里指数、阿里巴巴（1688.com）、淘宝促销工具。

先导任务

1. 看一看

（1）观看案例视频，思考问题：店铺促销活动有哪些方式？

（2）开展市场市场调查，收集竞品店铺促销方式。

2. 学一学

（1）学习微课资源，掌握店铺促销活动方案主要包括要素：活动目的、活动主题、目标消费群、活动方式、活动规则、推广方式、货源、活动周期、客服、活动预期效果、活动预算等。

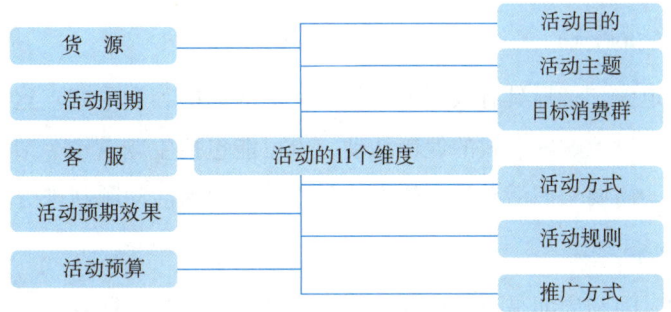

图 6.1　活动的维度

（2）学习微课资源，掌握促销目标的制定方法和原则（SMART 原则）。

图 6.2　SMART 原则

店铺促销活动目标主要有提升销售额、提升品牌知名度、打造爆款等。

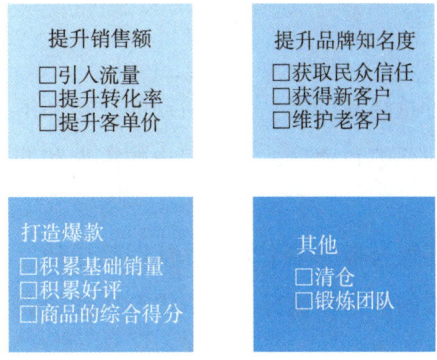

图 6.3　店铺活动目标

一、营销活动策划

网店营销活动策划是一个综合性强、涉及多个环节的过程,旨在通过各种营销手段提升店铺的知名度、吸引潜在客户、促进销售并提高客户忠诚度。以下是一个网店营销活动策划的基本框架和关键步骤。

1. 明确活动目标和定位

首先,需要明确营销活动的目标和定位。这包括确定活动的主要目的(如提升销售额、增加店铺流量、提高品牌知名度等),以及活动的受众群体(如年轻女性、职场人士等)。明确活动目标和定位,可以为后续策划提供明确的指导。

2. 策划活动内容和形式

根据活动目标和定位,策划具有吸引力与创新性的活动内容和形式。这可能包括折扣促销、满减优惠、买一赠一、限时抢购等形式的促销活动,也可能包括主题营销、节日营销、跨界合作等更具创意的活动。同时,需要考虑活动的实施方式和流程,确保活动顺利进行。

3. 选择活动时间和周期

选择合适的活动时间和周期是至关重要的。需要考虑节假日、购物旺季等时机,以及活动的持续时间和频率。确保活动时间安排既能吸引客户的关注,又不会与其他重要活动或事件冲突。

4. 制定活动宣传和推广方案

制定有效的活动宣传和推广方案,以吸引更多的潜在客户参与活动。这包括利用社交媒体、电子邮件、短信等渠道进行活动宣传,以及通过广告投放、合作伙伴推广等方式扩大活动的影响。同时,需要设计吸引人的活动海报、宣传语等素材,提升活动的吸引力。

5. 准备活动所需的资源和支持

在活动开始前,需要准备好活动所需的资源和支持,如库存商品、物流配送、客服支持等。确保在活动期间能够满足客户的需求,提供优质的服务和体验。

6. 活动执行和监控

在活动执行过程中,需要密切关注活动的进展和效果,及时调整策略和优化活动细节。同时,通过数据分析工具监控活动的关键指标,如销售额、流量、转化率等,以便对活动效果进行量化评估。

7. 活动总结和反馈

活动结束后,对活动进行总结和反馈,分析活动的成功和不足,以便为未来的营销活动提供经验和借鉴。同时,收集客户的反馈和意见,了解客户的需求和期望,为店铺的持续改进和发展提供参考。

总之,营销活动策划需要综合考虑多个方面,从明确活动目标和定位到活动执行与监控,都需要精心策划和细致执行。有效的策划和执行,可以提升店铺的竞争力和市场份额,实现长期的商业成功。

二、促销目标确定

1. 促销目标要求

确定促销目标是网店营销活动策划的关键一步,它直接影响后续的策划方向和具体实施策略。以下是确定促销目标的基本要求。

(1) 明确业务需求和现状。

网店需要对自身的业务需求和现状进行深入分析。这包括了解当前的销售状况、客户群体、市场份额以及竞争对手的情况。通过分析这些数据和信息,网店可以识别出自身在市场上的优势和不足,从而为确定促销目标奠定基础。

(2) 设定具体的促销目标。

基于业务需求和现状,网店可以设定具体的促销目标。这些目标应该具有可衡量性、可达成性和时限性。以下是一些常见的促销目标示例。

提升销售额:设定具体的销售额增长目标,如提升10%或达到某个具体数值。

增加店铺流量:通过促销活动吸引更多潜在客户访问店铺,提升店铺曝光度。

提高品牌知名度:通过创意性的促销活动,增强品牌在目标受众中的认知度和好感度。

清理库存:针对积压库存商品,通过折扣促销等方式促进销售,减轻库存压力。

增加客户黏性:通过会员专享优惠、积分兑换等活动,提高客户回头率和忠诚度。

(3) 考虑目标受众和市场环境。

在确定促销目标时,需要充分考虑目标受众的需求和偏好,以及市场环境的变化。例如,如果目标受众是年轻女性,那么可以考虑推出与时尚、美妆等相关的促销活动;如果市场环境竞争激烈,那么可能需要通过更具创意和吸引力的活动脱颖而出。

(4) 确保目标与整体战略一致。

确保设定的促销目标与网店的整体战略保持一致。这有助于确保促销活动不仅能够短期提升业绩,还能够为网店的长期发展奠定基础。综上所述,确定促销目标是网店营销活动策划的重要一环。通过明确业务需求和现状、设定具体的促销目标、考虑目标受众和市场环境以及确保目标与整体战略一致,网店可以制定出更具针对性和有效性的促销方案。

2. 目标设定 SMART 原则

目标设定 SMART 原则,即目标必须是具体的(Specific)、可衡量的(Measurable)、可以达到的(Attainable)、与其他目标具有一定的相关性(Relevant)、有明确的截止期限(Time-bound)。例如,某淘宝店铺某次促销的目标是7天内通过促销活动使店铺某商品的销量达到1万件。

3. 小组讨论

(1) 确定本店铺自主促销的具体目标,并思考如果本次活动的目标是打造"爆款",则可以用哪种指标来衡量。

(2) 确定促销的具体时间周期。

促销目标	
衡量指标	
促销时间	

三、促销主题确定

（1）网店促销活动的主题确定，就像给一场派对取名字，不仅要有趣、吸引人，还要和派对的氛围相符。促销主题可以是节日主题，如"双11狂欢节"；也可以是季节主题，如"夏日冰爽购物节"。关键是要和你的网店定位、产品特点以及目标受众相符合。

（2）促销目标和促销主题就像是目的和手段，目标是你要达到的效果，而主题是你用来达到这个效果的方法。例如，如果你的促销目标是提高销售额，那么你的促销主题可以是"年终大促，买得越多省得越多"。

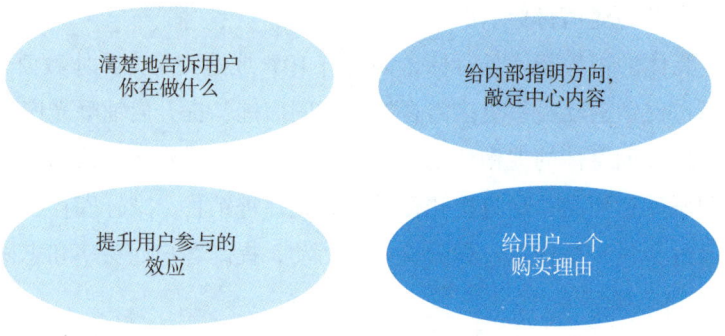

图 6.4　促销目的和主题

（3）首先，促销主题应具有吸引力，能吸引顾客眼球；其次，促销主题应具有针对性，满足目标顾客的需求和喜好；再次，促销主题应简洁明了，让人一目了然；最后，促销主题应具有创新性，与众不同，能给顾客带来新鲜感。如图6.5所示，某店铺的促销主题是"情浓端午、'粽'享美丽"，语言简洁明确，有吸引力。

图 6.5　某店铺促销主题

(4) 小组讨论，围绕店铺促销目标确定店铺的促销主题。

| 促销主题 | |

四、促销方式确定

(1) 确定促销方式前需要先确定促销商品。选择参与促销活动的商品，可以是全店商品，也可以是部分商品，确保促销活动的吸引力。

(2) 网店促销的方式主要有折扣促销、赠品促销、积分促销、抽奖促销、组合促销、节日促销等。

(3) 确定网店活动促销的方式需要综合考虑目标顾客群体、竞争对手、活动目的、商品特点和预算等多个因素。例如，如果你的目标顾客是年轻人，则他们可能更喜欢有趣、创新的活动，如抽奖或积分兑换。了解竞争对手的促销策略可以帮助你设计更有竞争力的活动。你可以观察他们的促销方式、优惠力度和顾客反馈，然后根据你的店铺特点和优势设计更吸引人的活动。商品特点也会影响促销方式的选择。例如，如果你的商品是高品质、高价值，你可能需要选择更有质感的促销方式，如积分兑换或组合促销。

(4) 运用思维导图思考：如何根据商品类型及目标用户情况选择促销方式？小组讨论每种促销方式具体如何实施。

促销商品	促销方式	促销实施细则
梨膏糖	赠品促销	买一瓶 500 克梨膏糖送一袋 50 克便携装

五、促销预算规划

(1) 制定网店促销活动预算方案需要综合考虑多个方面，包括活动目标、目标顾客群体、竞争对手、促销方案、成本与费用等。合理的预算规划和分配，可以确保活动的顺利进行并达到预期效果。

(2) 估算成本与费用：根据促销方案，估算所需的成本与费用。这包括商品成本、运营成本、广告费用、人力成本等。确保你的预算能够覆盖这些成本，并留出一定余量以应对不可预见的费用。

(3) 设定预算限额：根据店铺的财务状况和预期收益，设定一个合理的预算限额。这将确保你的促销活动不会超出财务承受能力，同时保证活动的顺利进行。

(4) 制订预算分配计划：根据促销方案和成本估算，制订详细的预算分配计划。这包括各个部门和环节的预算分配，以确保资源的合理分配和高效利用。

(5) 小组合作，查找资料，预计店铺活动各种经费成本情况，根据活动安排确定活动预算。

表6.1　活动预算

序号	预算项目		预算金额/元	备注
1	商品成本	采购费用		
2		库存成本		
3	运营成本	物流费用		
4		包装费用		
5		售后费用		
6	广告宣传费用	线上广告费用		搜索引擎广告等
7		线下广告费用		户外报纸广告等
8		宣传材料制作费用		海报、宣传册等
9	促销活动费用	优惠券/折扣券费用		
10		赠品采购费用		
11		活动场地租赁费用		
12	人力资源费用	员工加班费用		
13		临时员工费用		
14	其他费用	技术维护费用		
15		不可预见费用		预留一定比例预算
16	总预算			

六、任务评价

（1）在网络教学平台上传本店铺促销方案，各小组相互评分。

（2）展示促销方案，分享本店为什么采用目前的促销方式。

表6.2　任务评价

指标	标准	分值
整体设计	要素齐全，方案要素齐全，有目标、有措施、有预算	20分
	资料齐全，方案资料数据真实，市场调查过程全面	20分
目标设计	可评可测，推广目标有具体指标，可用数值衡量	20分
措施设计	具体实施，推广措施具体可实现，有预算	20分
团队合作	分工合作，团队成员知识、能力、性格互补，职能岗位分工明确	20分

任务2　活动推广之直播推广

目标要求

知识目标	1. 掌握直播目标确定和风格定位的方法。 2. 掌握直播要点拆解和实施的流程。
技能目标	1. 能根据产品特征确定直播目标和风格。 2. 能依据目标用户情况进行直播要点拆解和流程实施。

素养目标	1. 培养反复思辨、求真求实的精神和守信守规的道德。 2. 培养学生的创新、创业意识，增强学生的市场竞争意识，培养学生树立双赢、共赢的商业思维。

任务内容

助农店铺已经创建并完成装修，梨膏糖、莲子等商品已经上架，各小组需要对店铺商品进行推广，本次任务是开展直播推广。

先导任务

1. 看一看

（1）登录淘宝后台，播放淘宝直播入驻指南视频，了解直播入驻基本流程。

图 6.6　入驻指南

（2）登录学习通，查看并知晓本次任务要求，学生小组依据任务书查找资料，开展市场调查，收集竞品店铺直播话术及效果数据。

2. 学一学

观看微课资源，学习直播脚本的基本内容。

直播脚本的基本构成：主题、目标、时间、人员、流程、注意事项等。

一、确定直播目标

（1）直播目标确定要结合店铺商品具体情况，依据 SMART 原则制定。

①具体、可衡量指标：带货数量、带货金额、涨粉目标、流量目标等。

②时限性：各个时间节点，包括直播前期筹备、宣传预热、直播开始、直播结束的时间点等。

③相关性：话术与商品、店铺、人群定位相关。

④可实现性：充分考虑前期数据基础、当场直播的推广与外部支援情况。

（2）小组讨论，确定具体的、可衡量的、有时限的直播目标。

直播推广目标

二、定位直播风格

（1）直播风格定位要基于店铺定位、用户画像分析，根据用户的痛点、痒点和爽点，确定恰当的直播话术。

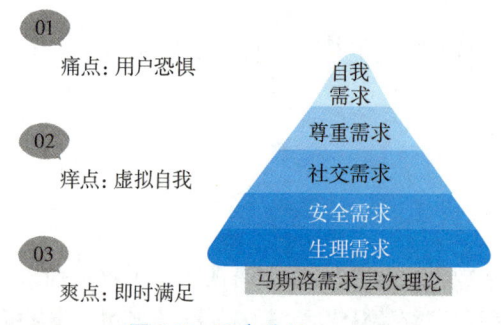

图 6.7　用户分析

表 6.3　定位分析

定位维度	思考方向
我是谁	店铺定位（清新、淳朴还是简洁）、形象特征（形象统一，突出识别）
面对谁	用户群体的地域、年龄、性格、偏好、收入状况、消费能力
提供什么	绿色、天然、手工制作的农产品
什么地方	直播间
解决什么问题	解决痛点、痒点、爽点

（2）小组讨论，确定直播风格定位。

表 6.4　风格分析

定位维度	思考方向
我是谁	
面对谁	
提供什么	
什么地方	
解决什么问题	
直播风格	

三、直播要点拆解

（1）直播是对商品进行全方位的展示；商品描述要准确，撰写脚本之前要明确讲解要点。例如，美食类商品讲解要点：安全性、口感风味、营养价值、价格优势等。

（2）话术要点主要可以分成以下几个关键部分。

①开场白：先吸引观众注意力，可以用幽默、温馨或悬念的方式，让观众停留下来。

②商品介绍：简洁明了地介绍商品特点、功能和优势，让观众对商品有初步了解。

③示范展示：通过实际操作展示商品效果，让观众看到真实的使用场景和效果。

④互动环节：设计互动游戏、问答等，让观众参与进来，提升直播的趣味性和观众黏性。

⑤优惠促销：分享限时折扣、满减优惠等促销信息，刺激观众购买欲望。

⑥感谢总结：在直播结束时，感谢观众的参与和支持，总结直播亮点，鼓励观众关注和下次再来。

（3）小组讨论，对所要直播的商品讲解要点进行拆解，确定不同环节关键点和话术。

表 6.5 直播环节

直播环节	关键点和话术
开场白	
产品介绍	
示范展示	
互动环节	
优惠促销	
感谢总结	

四、直播脚本撰写

（1）设计直播结构。一个好的直播脚本应该有清晰的结构，包括开场白、主要内容、互动环节和结束语。开场白应该吸引观众的注意力，主要内容应该围绕主题展开，互动环节应该提高观众的参与度，结尾语则应该感谢观众的参与并鼓励他们下次再来。

（2）准备话术和素材。根据直播主题和结构，准备相应的话术和素材。话术应该简洁明了，易于理解，同时富有感染力。素材应该包括商品图片、视频、数据等，用于支持你的观点和展示商品。

（3）安排时间和节奏。安排每个环节的时间和节奏，可以帮助你保持直播的连贯性和节奏感，同时确保能够在规定的时间内完成直播。

（4）预留互动环节。预留一些互动环节，如提问、投票、抽奖等，可以增加观众的参与度，提高直播的趣味性。

（5）修订和完善。修订和完善直播脚本，确保直播脚本更加完善、流畅，同时能够适应不同的直播环境和观众需求。

（6）小组分工撰写直播脚本。

表 6.6 直播内容提纲

环节	直播内容	时间
前期准备		
开场预热		
店铺介绍		
直播活动介绍		
商品讲解		
商品测评		
观众互动		
抽奖活动		
结束语		

五、直播活动实施

（1）直播前准备。

①方案、脚本准备：大活动必须整合全链路的策划。

②人员确认并分工：包括主播、互动小编、直播全程跟进人员等。

③根据方案制定本场直播KPI（互动、成交、流量、拉新），并盘点资源（品牌渠道、站内渠道、新媒体配合）。

（2）讲解商品直播中互动。

①互动引导：以提问互动、密令互动等方式跟消费者互动。

②直播中以口播密令、现场字幕曝光密令等方式引导互动。

③主播小编配合互动。

（3）分析直播结束后复盘：马上切回放；直播话题在其他渠道进行二次营销，如微淘等，将视频内容沉淀，活动总结整体复盘。

（4）小组现场角色扮演模拟练习，实施直播前、直播中、直播后各环节，记录模拟练习过程中存在的问题。模拟练习后进行直播复盘，记录复盘要点。

六、任务评价

（1）对其他组的直播目标、风格定位、脚本进行相互评分点赞。

（2）上台展示本小组直播脚本，分享复盘结果。

表6.7　任务评价

指标	标准	分值
整体设计	要素齐全，方案要素齐全，有目标、有措施、有预算	20分
	资料齐全，方案资料数据真实，市场调查过程全面	20分
目标设计	可评可测，推广目标有具体指标，可用数值衡量	20分
措施设计	具体实施，推广措施具体可实现，有预算	20分
团队合作	分工合作，团队成员知识、能力、性格互补，职能岗位分工明确	20分

任务3　活动推广之大促推广

目标要求

知识目标	1. 熟悉店铺大促活动的报名要求。 2. 掌握店铺大促活动的产品选品方法。
技能目标	1. 能列举出店铺大促的方式方法。 2. 能撰写要素齐全的店铺大促活动方案。
素养目标	1. 养成客户服务意识和质量意识。 2. 发现自我潜能，激发创新、创业热情，提升职业价值感。

任务内容

助农店铺已经创建并完成装修，梨膏糖、莲子等商品已经上架，各小组需要对店铺商品进行推广，本次任务是开展店铺大促活动。

先导任务

1. 看一看

观看微课资源，学习店铺大促活动的基本要求。

店铺参加大促活动需要满足一定的条件，包括信誉、商品质量、运营能力、服务水平和营销能力等。只有符合条件的店铺，才能在这场盛大的派对中脱颖而出，赢得消费者的喜爱和信任。

不同平台对参加大促的店铺要求不同，如淘宝平台2023年"双十一"大促对店铺的要求是首先必须满足《淘宝网营销活动规范》，包括商品质量、服务态度、发货速度等方面；其次店铺需要完成激活店铺钉钉（需要主账号）或绑定钉钉的操作；最后要求店铺3分钟人工响应率≥60%等。

2. 查一查

（1）开展市场调查，收集竞品店铺大促活动方式。

（2）小组分工合作，查找最近大促活动平台对店铺的基本要求。

一、选择活动商品

（1）选择参加大促活动的商品需要综合考虑多个因素，包括商品特点、市场需求、竞争力、活动主题和自身能力等。大促商品选择方法：

①容易选上的商品（折高、价低热卖、好评、应季、美观）；

②最划算的商品（符合公司战略、核算盈亏、平衡点）。

热卖商品　　折高商品

价优商品　　应季商品

（2）小组讨论合作，根据店铺商品特征选择合适的商品参与大促活动。

表6.8　大促活动商品选择

活动商品	原价	活动价	选择理由	库存数量

二、设计大促图片

（1）设计大促活动商品图片时，要确保图片既吸引眼球，又清晰地传达出商品的特点和优惠信息。

①明确主题和风格：根据大促活动的主题和目标受众，确定图片的整体风格和特性。比如，如果是针对年轻人的时尚购物节，则可以选择鲜艳、活泼的色彩和流行的元素；如果是家居用品促

销，则可以选择温馨、舒适的风格。

②突出商品特点：确保商品在图片中占据主导地位，突出其特点和优势。可以使用大图、特写或多角度展示来展现商品的细节和质感。

③明确优惠信息：在图片中明确标注优惠信息，如折扣、满减、赠品等，以便消费者一眼就能看出活动的吸引力。使用醒目的字体、颜色和排版来强调这些信息。

④使用高质量图片：确保使用高清、无水印、无瑕疵的图片，以提升商品的专业感和品质感。如果可能的话，可以请专业摄影师拍摄商品图片。

⑤营造紧迫感：利用倒计时、限时抢购等元素，营造活动的紧迫感和抢购氛围，激发消费者的购买欲望。

⑥保持一致性：如果店铺有多款商品参与活动，确保各商品图片的设计风格、字体、排版等保持一致，以提升整体视觉效果。

（2）小组讨论，根据活动商品特征及大促活动安排设计大促图片。

三、设置促销方式

（1）选择大促活动的促销方式时，需要考虑多个因素，包括目标受众、商品类型、竞争环境以及预算等。以下是一些常见的大促活动促销方式及其适用场景。

①折扣优惠。

适用场景：几乎适用于所有类型的商品和服务。

优点：直接降价能够吸引消费者的注意，提高消费者的购买意愿。

缺点：可能降低品牌形象，减少利润空间。

策略：根据商品利润率和市场需求，设定合理的折扣幅度。

②满减活动。

适用场景：适用于鼓励消费者增加购买量的场合。

优点：可以刺激消费者购买更多商品，提高客单价。

缺点：可能导致消费者仅为了凑单而购买不必要的商品。

策略：设置合理的满减门槛和优惠力度，确保既能吸引消费者又能保证利润。

③赠品活动。

适用场景：适用于需要提高商品附加值和吸引力的场合。

优点：赠品能够增加消费者的购买动力，提升品牌形象。

缺点：赠品成本较高，可能增加库存压力。

策略：选择与目标产品相关或受欢迎的赠品，确保赠品价值与目标产品相当。

④积分兑换。

适用场景：适用于有会员体系或积分制度的店铺。

优点：可以增加消费者的黏性，提高复购率。

缺点：需要建立和维护会员体系，积分兑换可能增加成本。

策略：设定合理的积分获取和兑换规则，确保既能吸引消费者又能控制成本。

⑤幸运抽奖。

适用场景：适用于提高消费者参与度和互动性的场合。

优点：可以吸引消费者的兴趣，提升活动的趣味性。

缺点：抽奖活动可能增加运营成本，且中奖概率难以控制。

策略：设置吸引人的奖品和合理的中奖概率，确保活动的公平性和吸引力。

⑥限时抢购。

适用场景：适用于营造紧张氛围和刺激消费者快速决策的场合。

优点：能够营造紧迫感，促使消费者迅速下单。

缺点：可能导致库存不足或过量，影响后续销售。

策略：合理控制限时抢购的时间和数量，确保既能吸引消费者又能避免库存风险。

在选择促销方式时，还需要考虑竞争对手的促销策略和市场趋势，确保自己的促销方式既有竞争力又能吸引目标受众。同时，需要注意促销活动的合法性和合规性，避免违反相关法律法规。

（2）各小组分工合作讨论，分析商品更适合采用哪种促销方式，确定本店铺的促销方式。

表 6.9　促销方式

活动商品	促销方式	实施细则

四、大促活动执行

（1）通过精心策划、充分准备、有效执行和及时跟进，店铺大促活动可以取得更好的效果，提升品牌知名度和销售额。活动执行涉及以下多个方面。

①活动发布：在预定的时间准时发布活动，确保所有准备工作都已就绪。

②监控活动进展：实时监控活动数据，如访问量、销售额、转化率等，以便及时调整策略。

③客户服务：提供优质的客户服务，及时回答消费者的问题，处理订单和投诉。

④社交媒体互动：利用社交媒体平台与消费者互动，发布活动更新和优惠信息。

⑤数据分析：收集并分析活动数据，评估活动效果，总结经验教训。

⑥客户反馈：收集客户反馈，了解他们对活动的看法和建议，以便改进未来的活动。

⑦后续营销：利用活动余热，进行后续的营销活动，如感谢信、优惠券发放等。

（2）店铺大促活动需要注意的问题如下。

①合规性：确保活动遵守相关法律法规，避免违规操作。

②用户体验：注重用户体验，确保活动页面加载迅速、易于导航，并提供清晰的促销信息。

③库存管理：合理控制库存，避免缺货或积压现象。

④风险控制：对可能出现的问题进行预测和应对，如订单量过大、服务器崩溃等。

（3）小组合作讨论，依据示例制定店铺的执行安排表。

表 6.10　某店铺执行安排表

工作模块		负责人	工作计划	目标要求	8月
					12 13 14 15 16 17 18 19 20
活动策划	活动方案	A	活动方案及页面demo绘制	付费转化率：10%	
	优惠券申请	A	优惠券申请及配置		
	页面配置	A、B	主页面配置		
	APP内氛围配置	A、B	开机屏、热搜关键词、banner、卡片位等		
	客服对接	A	同步活动玩法及预计订单量		
	活动复盘	A	复盘活动完成PPT		
内容策划	活动推广文	C	撰写推广活动的软文	2篇，平均阅读量:5w	
	活动爆品包装	C	挑选3-4款爆品进行内容包装	2篇，平均阅读量:5w	
产品开发	本次活动不涉及功能开发	/	/	/	
页面设计	活动页面设计	D	活动落地页面设计	/	
	开机屏等氛围图	D	开机屏、banner、卡片位等设计		
商品提报	活动主推商品	E、F	主推商品名词、价格、库存等详情提报	100款	
	活动商品审核	E、F	活动后台报名及审核	/	
流量抓手	微信公众号	G	自家微信公众号推广排期及上线、KOL公众号投放	平均阅读量:8w	
	微博推广	G	自家微博、KOL微博投放	平均阅读量:8w	
	社交分享	H	加大活动期间社交分享力度，扩大宣传面	每日新客数：5000	
	CRM策略	I	活动期间对用户分层每天推送短信及App Push	激活15万非活跃用户打开app	
物流配送	发货时效	J	活动期间下单，6小时内发货，确保礼物体验	物流满意度>90%	
	配送时效	J	选择顺丰快递，确保商品损耗较小、配送时间快速		

表 6.11　店铺执行安排

工作模块		负责人	工作计划	目标要求	完成时间
活动策划	活动方案				
	活动产品				
	活动申报				
活动准备	库存盘点				
	页面设计				
	前期宣传				
活动实施	活动推广				
	数据监控				
	客户服务				
	社媒互动				
	物流配送				
活动复盘	反馈收集				
	后续营销				
	互动总结				

五、成果展示

（1）各小组制定本店铺大促活动安排表，小组相互评分。
（2）继续优化大促活动方案。

表 6.12　任务评价

指标	标准	分值
整体设计	要素齐全，方案要素齐全，有目标、有措施、有预算	20 分
	资料齐全，方案资料数据真实，市场调查过程全面	20 分
目标设计	可评可测，推广目标有具体指标，可用数值衡量	20 分

续表

指标	标准	分值
措施设计	具体实施，推广措施具体可实现，有预算	20 分
团队合作	分工合作，团队成员知识、能力、性格互补，职能岗位分工明确	20 分

任务 4　活动推广之淘金币活动

目标要求

知识目标	1. 熟悉店铺淘金币活动的报名要求。 2. 掌握店铺淘金币活动的基本流程。
技能目标	1. 能熟练报名店铺淘金币活动。 2. 能撰写要素齐全的店铺淘金币活动方案。
素养目标	1. 养成客户服务意识和质量意识。 2. 发现自我潜能，激发创新、创业热情，提升职业价值感。

任务内容

助农店铺已经创建并完成装修，梨膏糖、莲子等商品已经上架，各小组需要对店铺商品进行推广，本次任务是开展店铺淘金币活动。

先导任务

1. 学一学

观看微课资源，学习店铺淘金币活动作用。

淘金币活动是淘宝平台为用户设置的一种虚拟货币活动，用户可以通过淘金币抵扣商品金额、参与抽奖或者购买特殊产品。

（1）抵扣现金：淘金币最主要的作用就是用来抵扣商品的现金。每个淘金币的抵扣力度为 1 分钱，如购买一件 100 元的商品，使用 100 个淘金币可以抵扣 1 元，使用 1000 个淘金币可以抵扣 10 元。然而，淘金币的抵扣金额不能超过商品总价的 50%。因此，在购物时需要根据商品的价格和优惠力度选择是否使用淘金币。

（2）提升店铺流量和曝光度：淘金币竞价成功的商家，其店铺会在淘金币首页的特定位置进行个性化展示，从而增加店铺的流量和曝光度。

（3）促进用户互动和提高参与度：通过淘金币活动，用户可以参与抽奖、兑换礼品等，增加了用户的互动和参与度，同时提高了用户的黏性和忠诚度。

2. 查一查

淘金币基本规则。

登录平台规则解读界面，详细了解淘金币活动的基本要求。

淘金币的获取：用户可以通过购物、签到、分享等方式获取淘金币。

淘金币的使用：用户可以在购物时使用淘金币抵扣商品金额，也可以参与抽奖或兑换特殊产品。

淘金币的竞价：商家可以设置淘金币竞价，以争取在淘金币首页的展示机会。竞价成功的商家，其店铺将在淘金币首页的特定位置进行个性化展示。

淘金币的扣除：商家参与淘金币竞价活动时，需要扣除一定数量的淘金币作为竞价费用。如果商家的金币账号余额低于 50 万元，系统就会提示商家及时补充淘金币。

淘金币竞价资源的投放规范：竞价成功的商家，其店铺将在淘金币首页的第五个坑位进行个性化展示，展示时间为一天。商家需要按照店铺承接页面被点击的次数支付相应的淘金币给淘金币官方账号进行推广。同一个 ID 在 24 小时之内重复点击同一个商品不会重复收取淘金币，竞价金币数值越高享受到的流量权重也越高。

一、熟悉淘金币规则

（1）登录千牛工作中心营销模块，熟悉淘金币活动的基本规则。

图 6.8　淘金币活动规则

（2）淘金币工具主要有全店金币抵扣、金币店铺粉丝运营、直播亲密度工具、金币频道推广等。

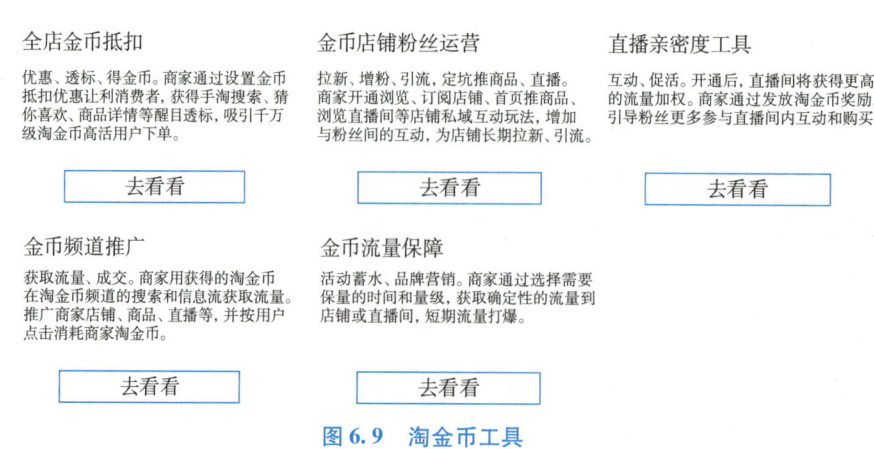

图 6.9　淘金币工具

（3）小组合作，查找店铺参与淘金币活动的基本条件。

淘宝卖家开通淘金币活动的基本条件
卖家类型：
店铺星级：
店铺开通时间：
近 90 天店铺支付宝成交额：
账户 B 类违规处罚：
账户 C 类违规处罚：

（4）小组合作，查找店铺参与淘金币活动后金币抵扣比例。

表 6.13　金币抵扣比例分析

抵扣比例	商家获取	系统回收
3% 及以下		
5%		
10%		

二、设置抵扣比例

（1）淘金币的抵扣比例设置可以根据店铺的实际情况和活动目标进行调整。

根据商品价格设置抵扣比例：如果店铺的商品价格较高，则可以适当提高淘金币的抵扣比例，以吸引更多的消费者购买；相反，如果店铺的商品价格较低，则可以适当降低抵扣比例，以保持商品的竞争力。

根据活动目标设置抵扣比例：如果店铺的活动目标是提升销量和销售额，则可以适当提高淘金币的抵扣比例，以刺激消费者的购买欲望；如果店铺的活动目标是提高客户忠诚度和复购率，则可以适当降低淘金币的抵扣比例，并设置一些额外的奖励措施，以鼓励消费者再次购买。

根据竞争情况设置抵扣比例：在参与淘金币活动时，可以查看同行业其他店铺的抵扣比例设置情况，根据竞争情况调整自己的抵扣比例。如果竞争对手的抵扣比例较高，则可以适当提高自己的抵扣比例以保持竞争力；如果竞争对手的抵扣比例较低，则可以适当降低自己的抵扣比例以吸引消费者。

在设置抵扣比例时，还需要注意遵守淘宝平台的相关规定，确保活动的合法性和合规性。在活动期间密切关注数据变化，包括销售额、客户反馈等信息，根据实际情况进行调整和优化活动策略。

（2）淘金币可抵扣金额 = 商品活动价 × 抵扣比例。

例如，商品活动价 100 元，金币抵扣 3%，该商品可用店铺优惠券 20 元。当用户金币充足时，该最终用户最高可抵扣的金额 = 100 × 3% = 3（元）。注意：淘金币可抵扣金额只与商品活动价相关，以活动价为基础计算，不以各种打折工具的折后价计算。

（3）小组主题讨论，本店铺的商品如何参与淘金币活动，应该设置哪种抵扣比例。

三、淘金币活动实施

（1）选择活动商品：选取店铺中销量好、评价高、具有一定竞争力的商品参与活动，确定参与活动的商品数量。

（2）宣传活动内容：在店铺首页、商品详情页等位置放置明显的淘金币活动宣传图，引导消费者关注并参与活动。利用淘宝关键词推广、精准人群推广等工具，提高店铺和活动曝光度，吸引更多潜在消费者。在社交媒体平台上发布活动信息，邀请用户参与并分享给朋友，扩大活动影响。活动期间，设置抽奖、限时折扣等促销活动，提高用户参与度和购买欲望。

（3）活动注意事项：在活动开始前，确保店铺淘金币账户余额充足，以便支付活动期间的淘金币抵扣金额；在活动期间，提高客户服务质量，及时处理消费者的咨询和投诉，提升客户满意度；在活动结束后，对活动效果进行分析和总结，为今后的活动提供参考和借鉴。

（4）小组分工合作，登录店铺后台，选择能参与的淘金币活动工具，设置淘金币活动。

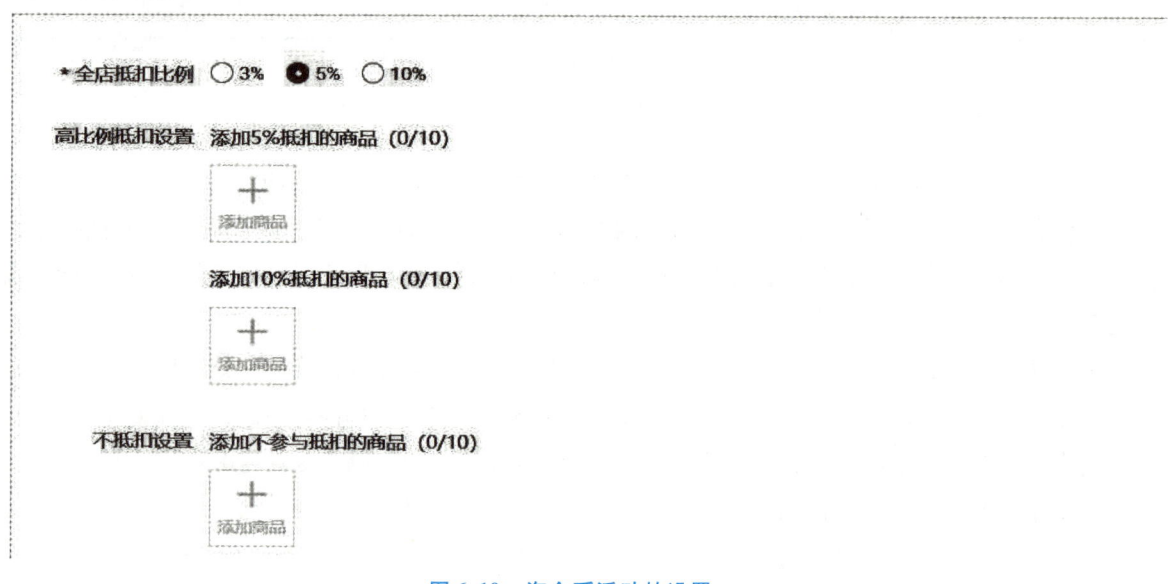

图 6.10　淘金币活动的设置

四、成果展示

上台展示分享提升本店铺淘金币活动的方式及具体做法。

表 6.14　任务评价

指标	标准	分值
整体设计	要素齐全，方案要素齐全，有目标、有措施、有预算	20 分
	资料齐全，方案资料数据真实，市场调查过程全面	20 分
目标设计	可评可测，推广目标有具体指标，可用数值衡量	20 分
措施设计	具体实施，推广措施具体可实现，有预算	20 分
团队合作	分工合作，团队成员知识、能力、性格互补，职能岗位分工明确	20 分

任务 5　活动推广之促销优化

目标要求

知识目标	1. 熟悉店铺促销的影响因素。 2. 掌握店铺促销流程与技巧。
技能目标	1. 学会依据所学店铺促销优化技巧实施站外引流促销。 2. 学会根据促销效果进行优化分析，提出改进措施。
素养目标	1. 养成客户服务意识和质量意识。 2. 发现自我潜能，激发创新、创业热情，提升职业价值感。

任务内容

助农店铺已经创建并完成装修，梨膏糖、莲子等商品已经上架，各小组已经对店铺商品开展一系列促销活动，本次任务是分析促销效果并进行优化。

先导任务

观看微课资源，学习促销优化的基本方法和流程。

（1）促销优化的步骤：促销数据信息收集，促销数据信息分析，促销优化措施实施，促销优化复盘改进。

（2）促销活动的效果评价维度：目标明确、主题鲜明、时间恰当、类型多样、买家参与度高、容易传播等。

一、信息收集

（1）促销效果数据指标包括销售额、客单价、客流量、优惠券回收率、成本费用等。

（2）小组分工合作，查找本组店铺促销数据，填写商品促销效果采集表。

表 6.15　促销效果采集

指标	活动前	活动后	其他组
销售额			
客单价			
客流量			
优惠券回收率			
活动效果（ROAS = 销售额/成本费用）			
转化率			
平均停留时间			
目标完成率			

二、信息分析

（1）网店促销数据的分析，主要可以从以下几个方面入手。

①用户行为分析：通过跟踪和分析用户在促销期间的行为，了解他们的访问路径、停留时间、转化率等信息，这可以帮助你了解用户对促销活动的反应，以及哪些因素影响了用户的购买决策。

②促销效果评估：对比促销前后的销售数据，包括销售额、销售量、客单价等，评估促销活动的效果。同时，可以通过对比不同促销方式（如满减、折扣、赠品等）的效果，优化促销策略。

③产品销售分析：分析促销期间各商品的销售情况，了解哪些商品更受欢迎，哪些商品可能存在库存积压等问题。这可以帮助你调整库存结构，优化商品组合。

④竞争对手分析：关注竞争对手的促销活动，对比他们的促销策略、优惠力度等信息，以便及时调整自己的促销策略，保持竞争力。

在进行数据分析时，可以使用各种数据分析工具和方法，如数据可视化、数据挖掘、统计分析等。同时，需要注意数据的准确性和完整性，确保分析结果的可靠性。

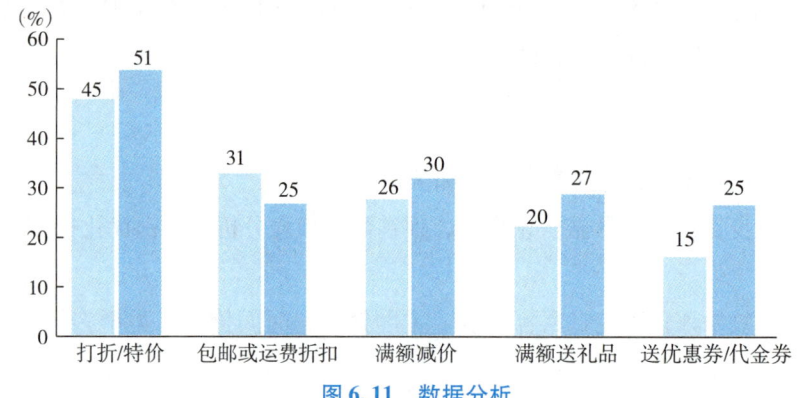

图 6.11　数据分析

（2）各小组分工合作，根据老师讲解的信息分析方法对收集的促销信息进行分析，找出本组店铺促销目前存在的问题。电脑实操，运用 Excel 对获取的数据进行横向对比和纵向对比分析，找出本组店铺促销目前存在的问题。

表 6.16　问题分析

分析维度	现状	问题原因
用户行为分析		
促销效果评估		
产品销售分析		
竞争对手分析		

三、措施分析

（1）店铺促销优化措施主要方法包括以下几个方面。

①提升转化率：商品详情页优化、卖点优化、主图优化等。

②提升客单价：关联营销、客服引导、直播带货等。

③增强用户黏性：站内活动与站外引流相结合、精准投放广告、客服服务质量、物流速度改

善等。

（2）店铺流量分析。

某店铺运用数据分析工具调出店铺某个时间段不同页面的流量分布表，请对表中数据进行分析，回答后面的问题。

表6.17　店铺流量分布

访问页面	浏览量	流量占比/%	访客数	页面平均停留时间/秒	出店人次	出店率/%
首页	599	27.3	111	119	297	49.5
分类页	300	13.7	72	62	159	52.9
宝贝页	657	29.9	166	140	202	30.7
自定义页	203	9.2	77	8	192	94.7
搜索页	337	15.3	107	72	122	36.2
其他	101	4.6	10	28	42	41.7
合计	2197		54			

从店铺的出店率来分析，有何问题？应该怎么优化？_____

根据访客来源对订单支付率进行分析。

表6.18　访客来源及订单支付率分析

访客来源	浏览量	访客数	订单金额/元	成交金额/元	订单支付率/%
淘宝宝贝搜索	1678	800	6498.66	4116.24	63.33
买家中心	819	728	3188.56	3066.15	96.16
淘宝活动	4689	2388	7914.50	5880.63	74.30
淘宝付费推广	600	420	2366.16	1458.16	61.60
淘宝其他页面	320	118	177.47	60.36	34.01
站外访问	789	299	79.16	30.12	38.05

①分析表中数据，计算淘宝的付费推广流量占比和访客数占比各是多少？_____
②店铺订单支付率最高的访客类型分别是什么？（依次写出前4名）_____
③分析表中数据，计算淘宝宝贝搜索流量占比和访客数占比各是多少？_____

（3）各小组分工合作，根据步骤开展讨论，分析本组促销优化的措施。

表6.19　优化措施

分析维度	现状	措施
转化率		
客单价		
用户黏性		

四、优化实施

（1）不同情况店铺促销的优化改进对策不同。小组讨论思考目前的活动方式、活动投放、活动时间等是否适合商品的主要目标用户人群。

（2）观看促销案例视频，分析拆解其促销活动优点。促销效果好的主要原因：活动前预热、活动方式独特、活动页面优化等。

（3）小组讨论，分析本店铺的目标用户人群，借鉴优秀案例的做法，根据小组讨论的优化措施，从活动方式、活动前预热、页面优化、引流宣传等方面实施促销优化措施。

五、成果展示

小组提交本组店铺促销优化措施，各小组相互评分。

表6.20　任务评价

指标	标准	分值
整体设计	要素齐全，方案要素齐全，有目标、有措施、有预算	20分
	资料齐全，方案资料数据真实，市场调查过程全面	20分
目标设计	可评可测，推广目标有具体指标，可用数值衡量	20分
措施设计	具体实施，推广措施具体可实现，有预算	20分
团队合作	分工合作，团队成员知识、能力、性格互补，职能岗位分工明确	20分

项目六小结

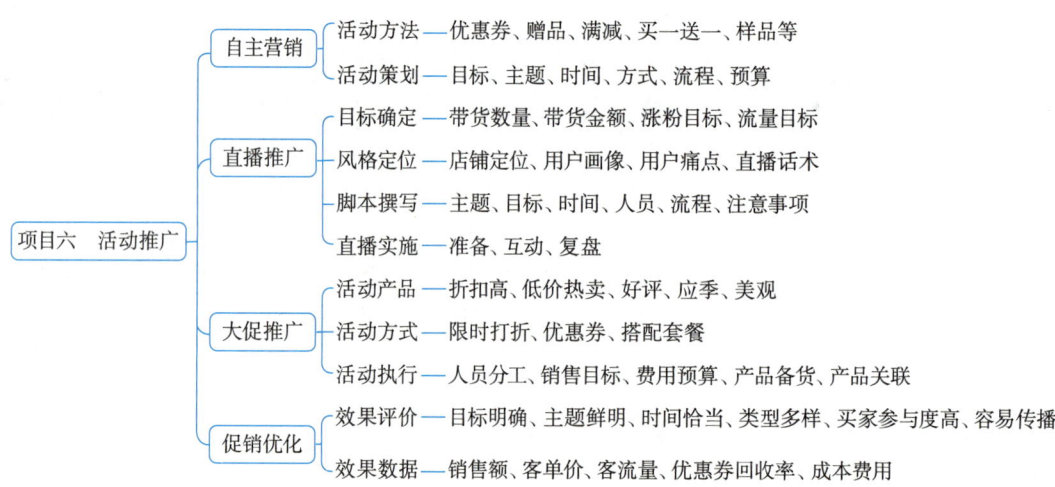

项目六测试

一、单选题

1. 淘金币活动是在千牛卖家服务中心哪个模块设置？（　　）

　　A. 商品　　　　　　　B. 内容　　　　　　　C. 营销　　　　　　　D. 推广

2. 某店铺店主想报名参加聚划算活动，他应该选择以下哪种产品？（　　）

　　A. 处于上升期的产品　　B. 滞销产品　　　　　C. 新品　　　　　　　D. 形象款产品

3. 以下属于淘宝平台活动的是（　　）。

　　A. 天天特卖　　　　　　　　　　　　　B. 网购星期一

　　C. 黑色星期五　　　　　　　　　　　　D. 俄罗斯团购爆品团

4. 电商营销活动多种多样，从促销活动的范围来看，分为店铺促销活动和（　　）。

A. 淘宝促销　　　　　　B. 平台促销　　　　　　C. 亚马逊促销　　　　　　D. 速卖通促销

5. Prime Day 是哪个平台常用的促销活动？（　　）

A. 淘宝　　　　　　　　B. 速卖通　　　　　　　C. 亚马逊　　　　　　　D. 唯品会

6. 在哪里可以查看参加活动的商品在活动上的花费？（　　）

A. 宝贝报表　　　　　　B. 关键词报表　　　　　C. 类目报表　　　　　　D. 账户报表

7. 参团结束后，聚划算平台将与商家进行保证金、佣金、竞拍费等费用的结算，一般是在参团结束多少天以后？（　　）

A. 10 天　　　　　　　B. 20 天　　　　　　　　C. 30 天　　　　　　　　D. 60 天

二、多选题

1. 天天特价活动的优势包括（　　）。

A. 提高客单价和利润　　　　　　　　　　　B. 积攒信誉，积累良好的口碑

C. 促进店铺销售　　　　　　　　　　　　　D. 快速提高网店流量，提高曝光率

E. 快速获取客户资源，带动店铺的知名度

2. 以下关于参加聚划算活动的店铺要求中，正确的有（　　）。

A. 淘宝网店铺信用等级必须在 1 皇冠及以上

B. 天猫旗舰店、天猫国际店铺要求开店时长在 30 天及以上，其他店铺的开店时长必须在 120 天及以上

C. 店铺近半年商品与描述相符 DSR 评分须达 4.6 分及以上

D. 店铺近半年服务态度 DSR 评分须达 4.6 分及以上

E. 天猫国际商家近半年发货速度 DSR 评分须达 4.5 分及以上，其他店铺近半年发货速度 DSR 评分须达 4.6 分及以上

3. 下列属于电商大促活动的是（　　）。

A. "6·18" 大促　　　B. "双十一" 大促　　　C. "双十二" 大促　　　D. 年货节

4. 店铺制定 "双十一" 促销活动方案，方案内容一般包括（　　）。

A. 活动目标　　　　　　B. 活动主题　　　　　　C. 活动方式　　　　　　D. 活动产品

E. 活动预算　　　　　　F. 活动实施步骤

5. 美食类商品讲解要点主要有（　　）。

A. 安全性　　　　　　　B. 口感风味　　　　　　C. 营养价值　　　　　　D. 价格优势

6. 直播脚本的基本构成要素包括（　　）。

A. 主题、目标　　　　　B. 时间　　　　　　　　C. 人员　　　　　　　　D. 流程

E. 注意事项

7. 促销效果数据一般包含哪些指标？（　　）

A. 销售额　　　　　　　B. 客单价　　　　　　　C. 客流量　　　　　　　D. 优惠券回收率

E. 成本费用

三、判断题

1. 报名天天特价的 "类目活动" 和 "10 元包邮" 的店铺创建时间必须为 90 天及以

上。（   ）

2. 店铺"6·18"活动促销主要的促销目标只能是提高销量。（   ）

3. 促销活动主题的作用是用简明易记的语言清楚地告诉消费者活动内容是什么。（   ）

4. 店铺大促活动期间主要是为了极大地提高销量，因此活动过程中可以不考虑成本有多少、经费投多少。（   ）

5. 店铺参加平台大促的产品选择方法是尽量选容易选上的产品，一般是指折扣高、价低热卖、好评多、应季产品。（   ）

6. 优惠券包括店铺优惠券、商品优惠券、包邮券等多种形式。（   ）

7. 直播活动应充分考虑前期数据基础、当场直播的推广与外部支援情况。（   ）

四、简答题

下图为某护肤品的宣传促销活动，请说出这一活动的类型，并分析其展现形式。

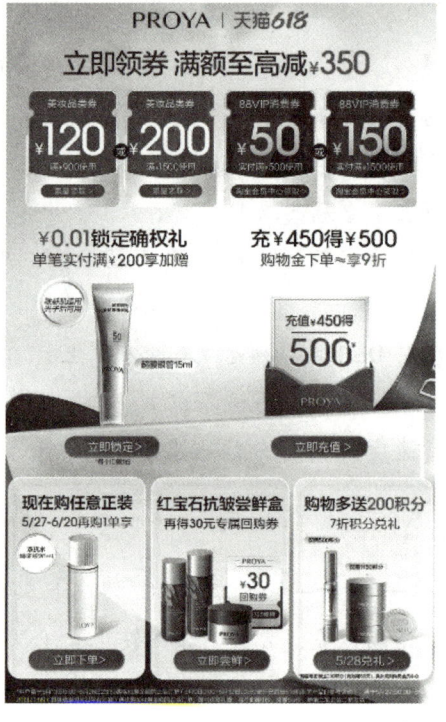

项目七 店铺管理

项目目标

1. 熟悉店铺预算制定和利润预估方法,能根据店铺实际情况制定店铺预算和预估利润。
2. 熟悉店铺线下备货、发货和运货的流程,能根据店铺实际情况确定店铺订货数量和仓储数量。
3. 熟悉店铺客户特征、行为分析方法,能根据客户行为特征进行客户关系维护和管理。

任务1 店铺管理之财务管理

目标要求

知识目标	1. 掌握店铺成本构成和成本控制方法。 2. 掌握店铺预算制定和利润预估方法。
技能目标	1. 学会依据所学对店铺成本进行控制。 2. 学会根据店铺实际情况制定店铺预算和预估利润。
素养目标	1. 养成客户服务意识和质量意识。 2. 发现自我潜能,激发创新、创业热情,提升职业价值感。

任务内容

助农店铺已经创建并完成装修,梨膏糖、莲子等商品已经上架,各小组已经对店铺商品开展一系列促销、推广活动,本次任务是在前期基础上优化网店的财务管理,提升网店利润。

任务辅助资源

百度指数、百度统计、百度移动统计、百度风云榜、百度预测、百度问卷、问卷星、腾讯问卷、问卷网、艾瑞调研、友盟、阿里指数、阿里巴巴(1688.com)、资金预算表。

先导任务

1. 看一看

观看微课资源,学习店铺提高利润方法。

利润是指企业销售产品的收入扣除成本价格和税金以后的余额。

利润 = 营业额 – 成本 – 费用。

提高利润的两个方法:一是提升收入,二是控制成本。

2. 想一想

店铺经营过程中,到底是赚了还是赔了,店铺成本利润应如何控制?

一、成本分析

(1) 店铺成本的构成主要包括以下几个方面。

①采购成本:这是店铺最主要的成本之一,包括购买商品、配件、包装材料等所需支付的费用。这些成本会直接影响店铺的盈利能力和竞争力。

②运营成本:包括平台佣金、软件工具使用费用等持续性费用。这些成本是店铺正常运营所必需的,对于店铺的稳定发展和长期运营具有重要意义。

③物流成本:包括配送费用、快递费用等。这些成本会受物流渠道、商品数量、距离远近等因素的影响,是店铺运营中不可忽视的一部分。

④营销成本:包括广告费用、促销活动费用、搜索引擎优化费用等。这些成本可以帮助店铺提高知名度和增加销售额,但也需要合理控制以避免过高的投入。

⑤客服成本:包括客户咨询费用、退换货处理费用、投诉处理费用等。

除了以上几个方面的成本,还有一些其他成本也可能对店铺的运营产生影响,如库存成本、商品折损成本、退换货成本等。因此,在经营店铺时,需要对各项成本进行全面的考虑和规划,以确保店铺的盈利和长期发展。

(2) 小组分工合作,查找店铺资料,登记店铺每月成本统计表。

表 7.1 成本统计

成本项目		单位成本/元	数量	金额/元
采购成本	商品费用			
	包装费用			
运营成本	平台佣金			
	软件费用			
物流成本	快递费用			
	打包费用			
	库存费用			
营销成本	广告费用			
	促销活动费用			
	搜索引擎优化费用			

续表

成本项目		单位成本/元	数量	金额/元
客服成本	客户咨询费用			
	投诉处理费用			
	退换货处理费用			

二、成本控制

（1）小组讨论思考：如何控制成本？

（2）进货成本控制：多看、多听、多比较，从厂家直接拿货，一级代理拿货，进货量大、抓住厂家清仓处理机会、控制运输费用等，有效降低进货成本，而不是采购质次价低的假冒伪劣商品。

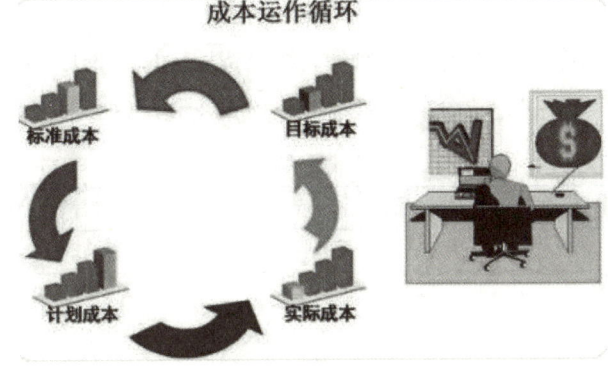

图 7.1　成本运作方式

（3）合理控制邮费：EMS、快递、货运、节省包装。

图 7.2　某商品包装

（4）小组讨论，思考我们的产品在运输过程中如何做到既保证产品质量又节约成本。

三、资金预算

（1）店铺做资金预算需要考虑多个方面，以确保店铺的正常运营和盈利。

①分析市场和竞争环境：在制定资金预算前，需要对市场和竞争环境进行分析。了解市场需求、竞争对手、目标客户等信息，以便确定店铺定位和经营策略。

②确定经营目标：根据市场分析和竞争环境分析，确定店铺的经营目标，如销售额、利润、市场份额等。这些目标应该具有可衡量性和可实现性。

③预测收入和支出：根据经营目标，预测店铺的收入和支出。收入预测包括销售额、退货率、折扣率等因素，支出预测包括采购成本、运营成本、物流成本、营销成本、客户服务成本等。

④制定资金预算：根据预测的收入和支出，制定资金预算。资金预算应该包括店铺运营所需的所有费用，并考虑资金的时间价值和风险因素。

⑤监控和调整预算：在店铺运营过程中，需要不断监控预算执行情况，并根据实际情况进行调整。如果发现有预算超支或收入不足的情况，则应及时采取措施进行调整，以确保资金预算的有效性。

（2）店铺初期的资金预算，主要是货款预算、物流费用、广告推广预算和每月其他费用预估。

（3）各小组分工合作开展讨论，分析本店铺各项预算，制定月预算经费表。

表7.2　月预算经费

科目	预算	实际	差异数	达成率
收入				
采购成本				
运营成本				
物流成本				
营销成本				
客服成本				
利润				

四、利润预估

（1）增加利润额的方法。

①增加销售额：销售额=成交单数×客单价，要增加营业额就要增加成交单数和提高客单价。

②提升毛利率：提高单价，降低材料成本。

（2）阅读案例，拆解案例，分析其提升利润的关键措施。主人公回乡创业，带动家乡乡亲从事茶叶电商销售，开展茶叶的产品创新和运营模式的创新，提升产品价值，实现店铺利润的突破。

文科状元返乡创业：粽茶创新的品牌升级之路

安徽祁门县文科状元江雪霞放弃上海高薪工作返乡创业的故事已成为乡村振兴的典范案例。这位2004年的高考状元，凭借哲学专业的思维训练和世界500强企业的品牌策划经验，带领两位姐妹回到茶乡创业，不仅实现了个人年收入突破七位数的商业成功，更通过创新"粽茶"产品带动了当地60户茶农增收致富。本文将深入分析江雪霞的创业历程，特别是其将传统茶叶包装革新为与粽叶结合的创新实践，为农产品品牌升级与包装优化提供可借鉴的案例。

状元返乡：从高薪白领到茶农的转型之路

江雪霞的故事始于2004年，当时她以安徽省祁门县文科高考状元的身份考入大学哲学专业。毕业后，她顺利进入上海一家世界500强企业从事品牌策划工作，月薪过万，职业生涯看似一片光明。然而，2011年的一次观察改变了她的人生轨迹——她发现家乡的祁门红茶虽在茶行业内享有盛誉，却缺乏知名品牌，市场认知度有限。

深思熟虑后，江雪霞做出了一个令许多人意外的决定：辞去高薪工作，返乡创业做茶农。这一决定背后有着理性的商业思考：一方面，她看到了国内红茶市场正在兴起，祁门红茶作为世界三大"高香红茶"之一具有巨大潜力；另一方面，她意识到自己在大企业积累的品牌营销经验可以用于提升家乡茶叶的品牌价值。

创业初期并非一帆风顺。2013年，江雪霞说服在北京工作的大姐江雪琴和在上海工作的三妹江淑霞一同返乡，三姐妹在祁门县大山深处的际源村开始了创业历程。尽管她们从小在茶园长大，对茶叶有基本了解，但实际制茶工艺需要从头学起。第一批茶叶因外形和口感不佳而未能获得市场认可，三姐妹不得不前往祁门及福建等地的红茶厂拜师学艺，经常通宵达旦地学习制茶技艺。

资金压力与物流难题也是创业初期的重大挑战。茶厂建在只有20多户人家的际源村，虽能就近收购优质鲜叶，但距离最近镇车程半小时，大幅增加了物流成本。三姐妹亲自参与厂房建设，三个月内建成了700多平方米的现代化标准清洁化茶叶加工厂，过程中甚至自学成为建材"半个专家"。经过两年不断试验和改进，2014年江家茶厂终于步入正轨，茶叶品质获得市场认可。江雪霞利用原有客户资源拓展销路，产品逐渐受到广东、北京等地客户的青睐，甚至有人专程前往村庄考察茶园。随着业务发展，三姐妹明确了分工：大姐负责提升茶叶品质，严格把控农药残留和制茶工艺；江雪霞负责拓宽销售渠道，每年奔波于北上广等市场；三妹则负责茶厂后勤管理。

创业六年后，江雪霞的茶厂年收入达600万元，直接带动就业100多人，帮助村里贫困户和留守妇女每户增收5000元。她不仅实现了个人从都市白领到成功茶农的转型，更成为祁门县知名的青年创业楷模和农村致富带头人，用行动诠释了"学霸"精神在乡村振兴中的价值。

传统茶叶的市场困境与包装痛点

在江雪霞返乡创业之初，祁门红茶面临着严峻的市场挑战。作为曾经辉煌的世界三大"高香红茶"之一，祁门红茶在20世纪90年代遭遇市场萎缩，核心产区历口镇等地甚至全部改作绿茶生产。这种困境背后反映的是传统茶叶产业普遍存在的品牌认知不足与包装创新乏力两大问题。

品牌价值未被充分挖掘是祁门红茶面临的首要挑战。江雪霞在上海工作时敏锐地发现，尽管祁门红茶在茶行业内享有良好口碑，但普通消费者对其认知有限，市场上缺乏有影响力的祁门红茶品牌。这种情况导致优质茶叶难以获得与其品质相匹配的市场价格，茶农收益受限。同时，分散的小农生产模式制约了品牌化发展，各家茶农生产的茶叶品质参差不齐，难以形成统一的品牌形象和市场影响力。

传统茶叶包装存在同质化严重和环保性不足的问题。市场上大多数茶叶采用铁罐、纸盒或无纺布袋包装，设计雷同，缺乏辨识度。这些包装材料往往不可降解或难以回收，随着消费者环保意识增强，传统茶叶包装的可持续性问题日益凸显。此外，部分高端茶叶过度追求包装奢华，使用贵金属或红木材料，导致包装成本占比过高，甚至超过国家标准规定的20%上限（销售价格200元以上茶叶包装成本占比不得超过15%），既增加了消费者负担，也造成资源浪费。

消费场景单一也限制了传统茶叶的市场拓展。常规茶叶包装多针对传统饮茶场景设计，忽视了年轻消费者对便捷性、趣味性和社交分享的需求。随着生活节奏加快，传统烦琐的泡茶方式与当代年轻人的生活方式存在一定脱节，如何创造更符合现代生活场景的茶叶产品成为行业突破点。

物流与保鲜挑战同样是茶叶包装需要解决的问题。优质茶叶对储存条件要求较高，需要防潮、避光、隔氧，而传统包装在这些方面的性能参差不齐。特别是在电商销售成为主流的今天，包装不仅要美观，还需承受长途运输的考验，保护茶叶品质不受损。

面对这些市场痛点，江雪霞意识到，单纯依靠提升茶叶品质不足以实现品牌突围，必须从产品形态和包装设计上进行根本性创新，创造差异化竞争优势。这一认识最终催生了将茶叶与粽叶结合的"粽茶"创意，不仅解决了传统包装的多重痛点，还为祁门红茶开辟了全新的市场空间。

粽茶创新：传统与创意的完美融合

江雪霞团队对茶叶包装的革命性创新源于一次偶然的家庭观察。2018年，她们注意到母亲为招待客人储存粽子的习惯，突发奇想：如果用包粽子的粽叶来包裹红茶，会产生怎样的口感体验？这个灵光一现的想法最终发展成改变企业命运的产品创新——"粽茶"。

产品研发过程充满了实验与探索。姐妹俩尝试了多种方法：测试不同克重红茶与粽叶的配比，研究粽叶入水煮制的最佳方式以避免变色，探索不同焙火时长对口感的影响。经过反复试验，最终确定了以野生粽叶和谷雨时期香螺为主要原材料，每颗粽茶包含6克红茶的标准配方。制作工艺也经过精心设计：先用清水蒸煮消毒粽叶，快速浸入冷水保鲜，全手工包裹后再进行焙火，确保产品品质稳定。

原材料选择体现了对自然资源的深度利用。祁门地处皖南山区，山高林密，野生粽叶资源丰富。用于包裹红茶的野生粽叶叶面柔韧厚大，清香沁人心脾，与祁红香螺的醇香形成完美搭配。这种就地取材不仅降低了生产成本，还强化了产品的地域特色和天然属性。正如江雪霞所说："粽叶出山涧，苦尽清香来。"道出了这一创新产品背后的自然哲学。

与传统茶叶包装相比，粽茶具有多重差异化优势：首先，感官体验创新。冲泡时，粽叶的清香与红茶的醇香交融，创造出"馥郁的红茶甜香，还带有糯糯的粽香"的独特口感，给消费者带来全新味觉体验。其次，环保性能突出。相较于普通无纺布茶包，粽叶完全天然可降解，符合现代消费者对环保包装的期待。再次，使用便捷性。每颗粽茶为一泡装（6克），免去了传统茶叶需要称量的麻烦，同时保留了仪式感，适应现代生活节奏。最后，文化附加值。产品将茶文化与端午民俗巧妙结合，赋予传统茶叶节日情感价值和礼品属性。

市场验证证明了这一创新的成功。2018年端午节前，粽茶首次推向市场便获得热烈反响，首批即拿下十万颗团购订单，迅速成为淘宝"爆款"。消费者评价称："很喜欢这个口感，馥郁的红茶甜香，还带有糯糯的粽香，很棒。"此后销量持续增长，端午节当月销售30余万颗，平时每月保持2万~3万颗销量，暑假期间又售出10万颗。到2022年，粽茶年销量已达40万颗，成为企业稳定的收入来源。

粽茶的成功不仅体现在销售数据上，更在于它打破了传统茶叶产品的市场边界。一方面，它吸引了原本不常饮茶的年轻消费群体，他们被"好喝又好玩"的产品特性吸引；另一方面，它拓展了茶叶的消费场景，从日常饮品延伸到节日礼品、社交分享等多元场景，大幅提升了产品的市场空间

项目七 07
店铺管理

和附加值。

粽茶的创新实践表明，传统农产品通过巧妙的跨界融合和场景再造，完全可以在保留核心价值的同时，焕发新的市场生命力。这一案例为农产品包装创新提供了宝贵启示：真正的创新不是对传统的否定，而是对传统的创造性转化和发展。

（3）小组围绕案例讨论，参考案例的经营思路，分析本店铺的商品能否创新，提升商品附加价值，实现店铺利润提升。

提升利润措施

五、任务评价

（1）提交本店铺提升利润优化措施，各小组相互评分。

（2）展示优化措施并说明理由。

表7.3 任务评价

指标	标准	分值
整体设计	要素齐全，方案要素齐全，有目标、有措施、有预算	20分
	资料齐全，方案资料数据真实，市场调查过程全面	20分
目标设计	可评可测，推广目标有具体指标，可用数值衡量	20分
措施设计	具体实施，推广措施具体可实现，有预算	20分
团队合作	分工合作，团队成员知识、能力、性格互补，职能岗位分工明确	20分

任务2 店铺管理之物流管理

目标要求

知识目标	1. 掌握仓库库存数量的决策方法与收发货流程。 2. 掌握店铺物流商的选择方法。
技能目标	1. 学会根据店铺实际情况确定店铺仓库储存数量。 2. 学会进行物流方式的选择，并根据不同情况处理物流异常。
素养目标	1. 树立爱岗敬业精神和协作意识。 2. 树立注重客户满意、用心为客户解决售后问题的职业素养。

任务内容

助农店铺已经创建并完成装修，梨膏糖、莲子等商品已经上架，各小组已经对店铺商品开展一系列促销、推广活动，本次任务是在前期基础上优化店铺的物流管理，提升店铺的发货速度和发货质量。

先导任务

1. 看一看

阅读商品物流改进实现店铺销量突破案例，思考哪些因素会影响网店物流速度。

案 例

山野优选物流配送

福建山野集团成立于 2003 年,是一家专注于现代农业全产业链运营的综合性企业。集团以绿色无公害农副产品研发为核心,构建了"基地种植→净菜加工→冷链配送→团膳服务"的闭环产业链,旗下拥有 5 家子公司,覆盖农业技术开发、物流配送及餐饮管理等领域。山野优选平台主打野生菌菇、高山茶叶、有机果蔬等山珍特产,形成差异化竞争壁垒,构建全品类东北山货供应链,覆盖长白山人参、松茸等地域标志性产品。由于山野优选产品是生鲜农产品,物流配送至关重要,其物流体系主要从以下几个方面构建。

一、三级物流网络构建

1. 产地预处理中心

在菌菇主产区 5 公里内设立预冷包装站,采用真空锁鲜技术延长货架期,通过集中采收、标准化分级处理降低损耗率约 70%。该模式参考生鲜集采共配典型案例,实现产地直发与品质控制一体化。

2. 区域共享枢纽仓

依托省级枢纽仓实施统仓共配策略,整合多个经销商库存资源,通过订单聚合算法动态分配存储空间,仓配成本同比下降 17%。此模式效仿四川千仁供应链经验,实现物流资源集约化利用。

3. 社区自提网络

在 200 个行政村设立便利店自提点,复用美团优选网格仓运营逻辑,通过"干线运输+末端集单配送"实现 48 小时送达,单件物流成本降低 0.8 元。

二、冷链物流技术创新

1. 高附加值农产品(如松茸),采用区块链溯源蓄冷箱+航空直达方式,做到温度波动≤±0.5℃,损耗率<3%。

2. 大宗鲜果(如猕猴桃),采用 IoT 温控车+乙烯浓度监测方式,实时调控成熟度,异常响应<15 分钟。

3. 县域中转运输,通过改性气调包装+客货邮定制车型,配送频率从 3 天/次提升至 1 天/次。

三、农村配送模式突破

1. 客货同网运输:与县域客运公司合作开发电子运单平台,利用 145 辆客货邮定制车型实现"干线班车捎货+支线三轮配送",日均带货量超 3000 件。

2. 集单配送系统:通过微信小程序集成 200 个自提点订单数据,采取"以销定采"模式减少库存积压,库存周转天数从 67 天压缩至 29 天。

四、数字化管控体系

1. 智能分拣系统

部署声光电引导 AGV 分拣车,结合"蔬东坡"供应链系统实现订单自动汇总与标签打印,分拣效率提升 40%。

2. 动态路由优化

集成高德地图 API 与气象预警数据,应用遗传算法进行路径规划,山区配送超时率从 32% 降至 5.7%。

该体系融合了生鲜集采共配的预处理技术、统仓共配的资源整合策略以及社区团购的网格仓模式，其客货邮协同运输方案已获地方交通部门重点推广。数据显示，采用该模式后，闽侯菌菇产区年均增收超 5200 万元。

2. 学一学

观看微课资源，学习店铺库存管理方法。

店铺的仓储数量需要综合考虑多个因素，包括需求分析、库存周转率、供应链稳定性、仓库容量、市场需求波动等。

需求分析：需要分析你的店铺销售数据，了解各种商品的销售情况、销售周期、销售趋势等。了解哪些商品销售较快，哪些商品销售较慢，从而更好地预测未来的销售需求。

库存周转率：库存周转率是一个重要的指标，它表示你的库存商品在多长时间内能够完全销售出去。

供应链稳定性：考虑你的供应链稳定性和供应商的交货周期。如果你的供应链较为稳定，供应商能够按时交货，那么你可以适当减少库存数量。

仓库容量：确保足够的空间来存放库存商品，同时要考虑仓库的利用率。

市场需求波动：考虑市场需求的波动情况。如果商品受季节性、节假日等因素的影响，则市场需求会有较大的波动，需要根据市场需求的变化调整库存数量。

一、确定仓储数量

（1）下图为仓储数量与成本的关系，仓储数量的决定应重点考虑成本因素，找到成本最低的仓储数量。

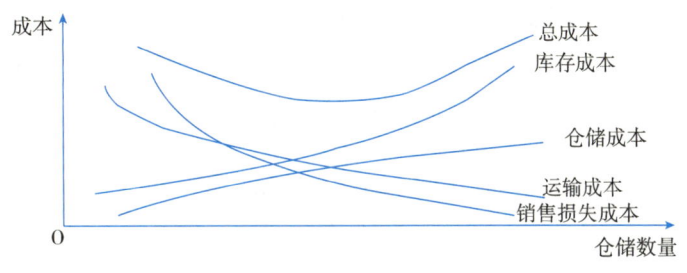

图 7.3　仓储数量与成本关系

（2）经济订货批量模型是一种用于确定最佳订货数量的决策工具。经济订货批量模型在订货成本和储存成本之间权衡，以最小化总成本。

需求量（R）：预测网店某种货品的总需求量。

每次订货成本（C）：包括下单、运输、接收和处理货品的成本。

每件货品储存成本（H）：包括仓库租金、保险、货物损坏等成本。

$$Q = \sqrt{\frac{2CR}{PF}} = \sqrt{\frac{2CR}{H}}$$

例如，某店铺对某产品的月需求量为 8000 件，每件商品的进货成本是 10 元，每次订货的费用是 30 元。库存持有的成本是所存货物价值的 30%，求经济订货批量。

R = 月需求量 = 8000 件；C = 每次订货的费用 = 30 元

H = 库存持有的成本率 = 30% × C = 30% × 30 = 9（元）

经济订货批量 Q = 400 件

（3）小组分工合作，查找本店铺每月产品需求量和订货费用等数据，根据公式计算经济订货批量。

表 7.4 经济订货批量计算

指标	数值
月需求量	
每次订货成本	
每件货品储存成本	
经济订货批量	

二、入库盘点流程

（1）商品入库流程：验收商品数量与质量—接收商品—商品验收—编写货号—入库登记。

（2）商品盘点要点：数量盘点、质量盘点、保管条件检查、库存安全状况检查等。

（3）商品出库流程：重点强调发货出库 3 个步骤。

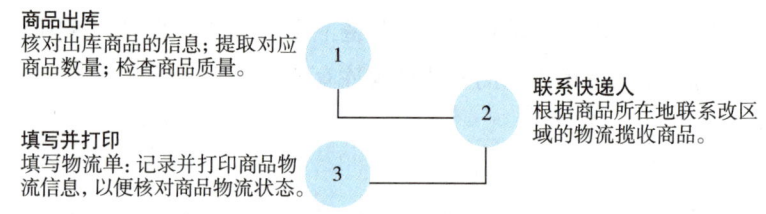

图 7.4 发货出库步骤

（4）小组分工分别扮演送货员、仓管员等角色，根据老师发放的入库单、出库单等空白单据，开展情景模拟，演练实施店铺收发货场景。要求情景模拟过程中注意商品数量、质量的检验和收发货的细节。

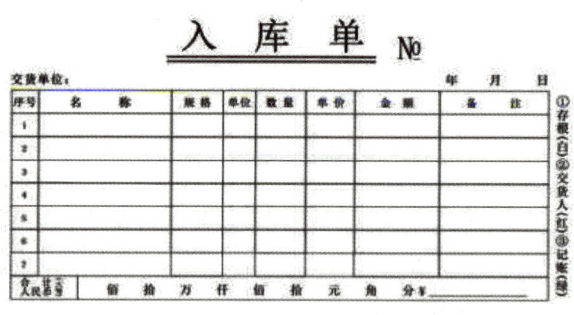

图 7.5 入库单

三、物流模板设置

（1）店铺物流模板的设置可以按照以下步骤进行。

①登录淘宝卖家中心：首先，登录淘宝卖家账号，进入卖家中心页面。

②进入物流管理：在卖家中心页面，找到并点击"物流管理"选项，然后选择"物流工具"。

③设置运费模板:在物流工具页面,点击"运费模板设置"选项,接着点击"新增运费模板"按钮。

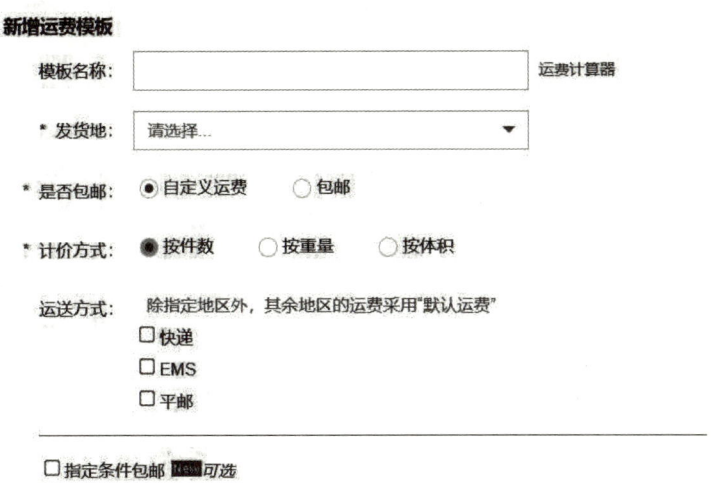

图 7.6 运费模板

④填写模板信息:在弹出的窗口中,填写物流模板的相关信息,包括模板名称、商品发货地址、计价方式等。如果店铺提供包邮服务,则可以选择"卖家承担运费"。

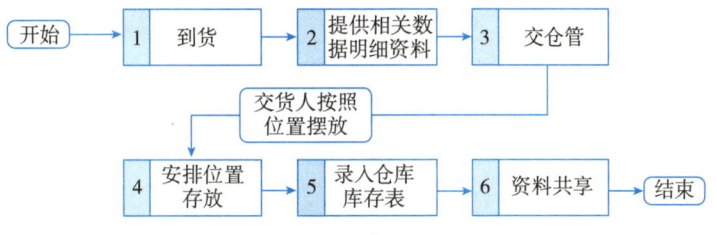

图 7.7 物流信息填写流程

⑤设置地区运费:如果需要设置不同地区的运费,则可以点击"编辑"按钮,在"运送到地区"页面设置各个地区的运费。可以根据件数调整运费,也可以设置指定条件包邮,如满额包邮。

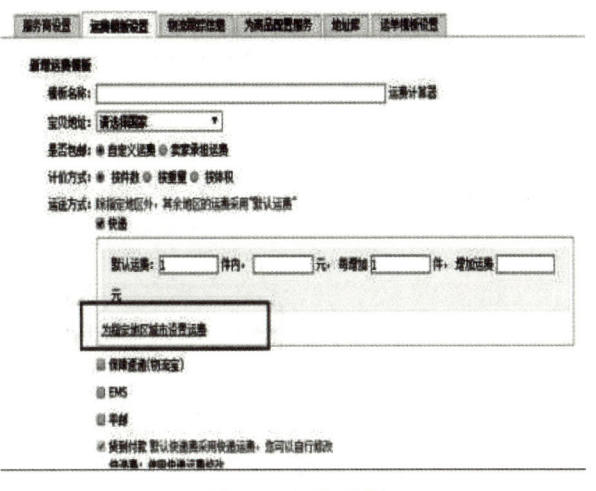

图 7.8 运费设置

⑥保存并返回:完成所有设置后,点击"保存并返回"按钮,这样你就成功创建了一个物流模

板。在发布商品或编辑商品时，你可以选择已创建的物流模板，将其应用到对应的商品上。

（2）小组分工合作，登录淘宝千牛卖家中心后台，操作设置本店铺运费模板，注意针对偏远地区单独设置运费。

四、异常情况处理

（1）容易引发物流事故的情况：出现疑难件；出现超区件；商品发出后，超过常规送达时间后买家尚未签收；交易显示已经确认收货，但买家表示尚未收到货；交易显示马上到确认收货截止时间，买家尚未签收。

（2）疑难件处理流程图如下。

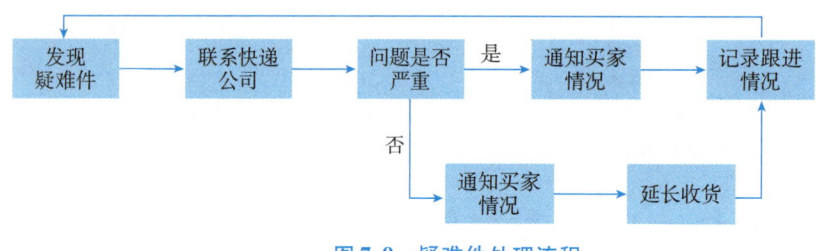

图 7.9　疑难件处理流程

（3）运用所学知识，小组讨论本店铺如果出现物流运输过程中商品损坏的情况应该如何处理。

五、任务评价

小组分工提交本店铺物流收发货表格，各小组相互评分。

表 7.5　任务评价

指标	标准	分值
物流模拟	过程完整，模拟过程完整真实	20 分
	表格清晰，表格填报的数据指标完整、详尽	20 分
订货计算	准确真实，数据真实，来源准确	20 分
模拟设置	清晰合理，根据不同地区设置合适的运费模板	20 分
团队合作	分工合作，团队成员知识、能力、性格互补，职能岗位分工明确	20 分

任务 3　店铺管理之客户管理

目标要求

知识目标	1. 掌握分析店铺客户体验、特征和行为的方法。 2. 掌握维护客户关系的技巧和方法。
技能目标	1. 学会收集、整理分析客户特征、行为的相关数据。 2. 学会根据客户行为特征进行客户关系的维护和管理。
素养目标	1. 培养实事求是、诚实守信、互惠互利的工作态度。 2. 培养严谨细致、勇于探索和善于合作的工作作风。

任务内容

助农店铺已经创建并完成装修，梨膏糖、莲子等商品已经上架，各小组已经对店铺商品开展一系列促销、推广活动，本次任务是在前期基础上开展店铺客户分析，维护好店铺的客户关系。

先导任务

1. 看一看

（1）观看微课资源，学习客户分析相关数据指标。

客户分析的3个方面：客户体验分析、客户特征分析、客户行为分析。

店铺数据分析做好客户分析的步骤包括：

①客户数据信息收集；

②客户数据信息分析；

③客户维护实施措施；

④客户维护复盘改进。

（2）阅读案例，思考案例中三只松鼠是如何对客户进行分析的，卖家的客户关系管理与维护是怎么开展的。

三只松鼠淘宝旗舰店客户服务

一、供应链支撑体系

1. "一品一链"供应链改造

建立原料直采基地与集约化加工中心，缩短产品交付周期，保障订单履约效率全球30家工厂协同作业，实现核心产品24小时生产响应机制。

2. 质量溯源系统

开发原料批次追踪功能，支持订单页面查看具体生产批次信息。坚果类产品包装内置温湿度传感器卡片，扫码可查储运环境数据。

二、全渠道数据采集

三只松鼠针对不同客单价分层营销；同时对微博/微信私域流量监测，挖掘新产品需求；最后采用POS系统+会员识别技术，通过跨平台数据中台对全渠道消费画像进行整合，实现17类用户行为标签聚合建模。

三、客户分层运营策略

1. 价值分层标准

（1）钻石VIP：年消费≥5000元，享受1对1专属顾问服务。

（2）黄金VIP：季度复购≥3次，自动推送新品试吃套装。

（3）普通用户：触发智能推荐算法生成千人千面产品界面。

2. 动态权益体系

开发"松鼠成长值"系统，消费/分享/评价均可累积等级。高价值客户解锁工厂溯源游、新品研发品鉴会等特权。

四、智能化服务工具

1. AI 客服矩阵

部署"鼠小智"智能应答系统，覆盖87%基础咨询需求。敏感词自动预警功能触发人工介入机制，响应时效<5分钟。

2. CRM 系统功能模型

（1）客户价值评估模型：基于 RFM 指标自动生成维护策略。

（2）流失预警模块：休眠客户自动触发挽回优惠券。

五、情感化交互设计

1. 二次元沟通体系

客服团队统一使用"鼠小弟"虚拟形象，对话穿插品牌表情包。包裹内随机放置手写感谢卡，每月投放 CEO 签名特别版。

2. 场景化包裹配置

标配湿纸巾/封口夹/垃圾袋等食用工具。节日订单增配主题徽章等 IP 周边赠品。

六、售后服务优化机制

1. 极速响应流程

开通"一键举证"通道，支持18种凭证类型快速上传审核。建立负面评价30分钟响应机制，配备危机公关专组。

2. 服务闭环管理

每月提取5%客诉录音进行质量分析。客户建议直达产品经理需求池，形成产品迭代闭环。

三只松鼠体系通过"数据驱动决策＋情感价值输出"双轮模式，支撑三只松鼠连续三年获得天猫服务评级五星认证。2025年新战略中，客户管理体系已延伸至跨境服务场景，实现全球订单48小时响应承诺。

2. 查一查

店铺后台进入卖家中心，查看店铺客户行为有关的数据，记录相关信息。

表7.6 客户行为记录

站内免费	
付费流量	
自主访问	
站外流量	

一、客户信息收集

（1）客户分析相关数据收集。客户分析数据一般包含以下指标：访客数、动态评分、新客户数、老客户数、客单价、平均访问次数、平均停留时间、平均访问深度等。

（2）小组讨论合作，进入卖家中心，点击"流量纵横"中访客信息查看收集数据，填写客户相关数据采集表。

表 7.7 客户数据采集

指标	活动前	活动后	其他组
访客数			
动态评分			
新客户数			
老客户数			
客单价			
平均访问次数			
平均停留时间			
平均访问深度			

二、客户特征分析

（1）店铺客户特征分析的维度：性别、年龄、地域、职业等。

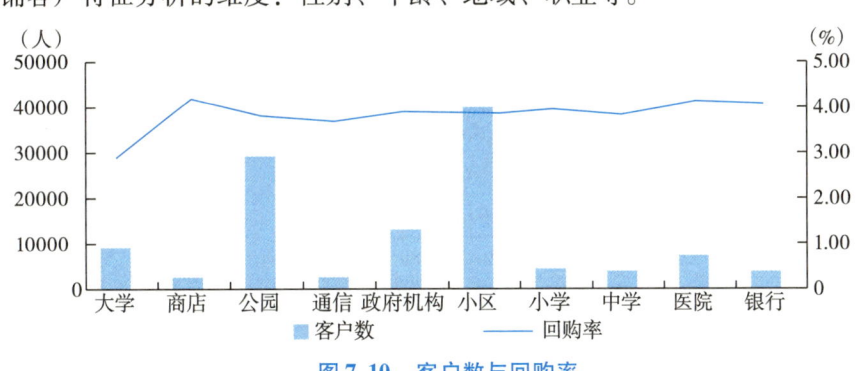

图 7.10 客户数与回购率

（2）小组分工合作，运用 Excel 对获取的数据进行对比分析，根据收集到的数据，将客户细分成不同的群体。根据购买频率、购买金额、产品偏好、地理位置、年龄、性别等多种特征，找出本店主要客户的性别、年龄、地域和职业。

表 7.8 客户特征分析

特征指标	主要客户特征
性别	
年龄	
地域	
职业	

三、客户行为分析

（1）RFM 分析：包括最近一次购买时间（Recency）、购买频率（Frequency）、购买金额（Monetary）3 个指标。

Recency（R）：最近一次购买时间。这个指标衡量了客户与店铺的最近互动。通常，最近购买时间越近的客户，其对店铺的记忆和兴趣可能越高，也更容易受到即时的促销或推荐影响。

Frequency（F）：购买频率。这个指标反映了客户在一段时间内购买商品的次数。购买频率高的客户通常是店铺的忠实用户，对店铺的商品和服务有更高的依赖度。

Monetary（M）：购买金额。这个指标代表了客户在一段时间内购买商品的总金额。购买金额高的客户不仅为店铺带来了更多的收入，也表明他们更愿意为店铺的商品和服务支付更高的价格。

表 7.9　客户行为分析（1）

客户组别	F 值范围/次	R 值范围/天	客户类型
1	F = 1	R < 90	活跃新客户
2	F = 1	90 ≤ R < 180	沉默新客户
3	F = 1	R ≥ 180	流失新客户
4	F = 2	R < 90	活跃回头客
5	F = 2	90 ≤ R < 180	沉默回头客
6	F = 2	R ≥ 180	流失回头客
7	F > 2	R < 90	活跃忠诚客户
8	F > 2	90 ≤ R < 180	沉默忠诚客户
9	F > 2	R ≥ 180	流失沉默客户

表 7.10　客户行为分析（2）

客户组别	R 值范围/天	客户类型
1	R < 90	活跃客户
2	30 ≤ R < 90	沉默客户
3	90 ≤ R < 180	长期沉默客户
4	180 ≤ R < 270	睡眠客户
5	270 ≤ R < 360	深度睡眠客户
6	360 ≤ R < 540	预流失客户
7	540 ≤ R < 720	流失客户
8	R ≥ 720	死亡客户

表 7.11　客户行为分析（3）

客户组别	F 值范围/次	客户类型
1	F = 1	新客户
2	F = 2	回头客
3	F = 3	成熟客户
4	F = 4	黏性客户
5	F = 5	粉丝客户
6	F > 5	忠诚客户

（2）时间分析：通过对店铺客户购物时间的深入分析，商家可以更准确地了解客户的购物习惯和偏好，有助于商家优化运营策略、提高销售效率和客户满意度，从而制定更加精准的营销策略和运营计划。

①周购物时间分析：一周中每天的购物人数和订单量分布。通常，周末（星期六和星期日）的

购物人数和订单量会相对较少，而工作日（星期一至星期五）的购物活跃度会相对较高。每一天的流量和销售额变化趋势见图7.11。例如，星期一到星期四的客户数在增加，星期五开始减少，周末则相对较少。

②日购物时间分析：一天中不同时段的购物人数和订单量分布。例如，6点至10点客户逐渐增多，10点至16点UV、PV波动不明显，16点到17点PV下降，17点至21点UV少量增加，但PV急剧上升，说明客户在这段时间内活跃度相当高，操作频繁。流量和销售额的高峰期和低谷期见图7.12。通常，18点至23点是购物的高峰期，而凌晨到早上时段则相对较少。

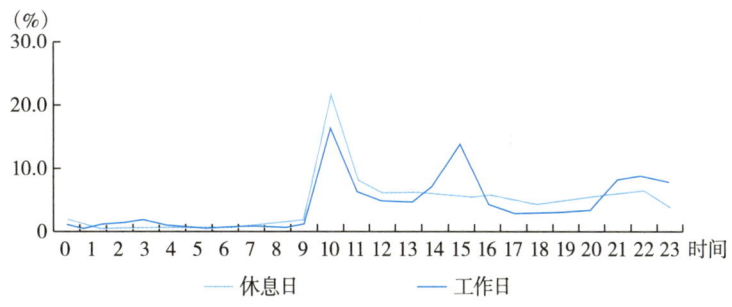

图7.11　休息日和工作日购物分析

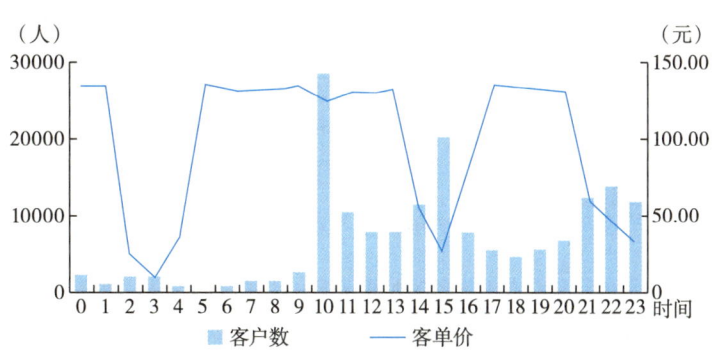

图7.12　一天内购物表数与客单价分布

（3）各小组分工合作，根据客户行为分析方法对收集的客户数据进行分析，按照RFM分析方法对本店铺的客户进行分类，同时分析本店铺客户的主要购物时间。

四、客户维护

（1）客户维护优化措施。

①建立客户数据库，对客户分类管理，针对VIP客户提供量身定做的服务；

②深入与客户进行沟通，及时将上新、促销信息传递给客户；

③依据客户特征和行为分析提供有针对性的促销活动；

④提升客服责任意识和专业水平，提高客服响应速度。

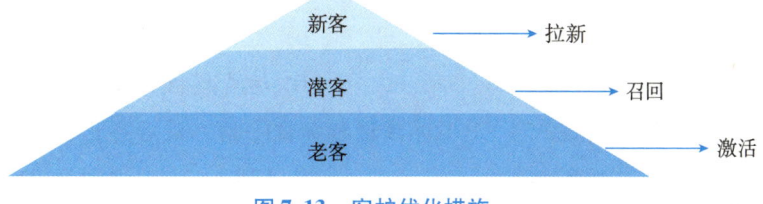

图7.13　客护优化措施

（2）各小组分工合作，根据步骤开展讨论，分析本组开展客户维护的主要措施。

五、成果展示

（1）提交本店铺客户维护措施，各小组相互评分。

（2）继续改进本店铺客户维护。

表7.12 任务评价

指标	标准	分值
整体设计	要素齐全，方案要素齐全，有目标、有措施、有预算	20分
	资料齐全，方案资料数据真实，市场调查过程全面	20分
目标设计	可评可测，推广目标有具体指标，可用数值衡量	20分
措施设计	具体实施，推广措施具体可实现，有预算	20分
团队合作	分工合作，团队成员知识、能力、性格互补，职能岗位分工明确	20分

项目七小结

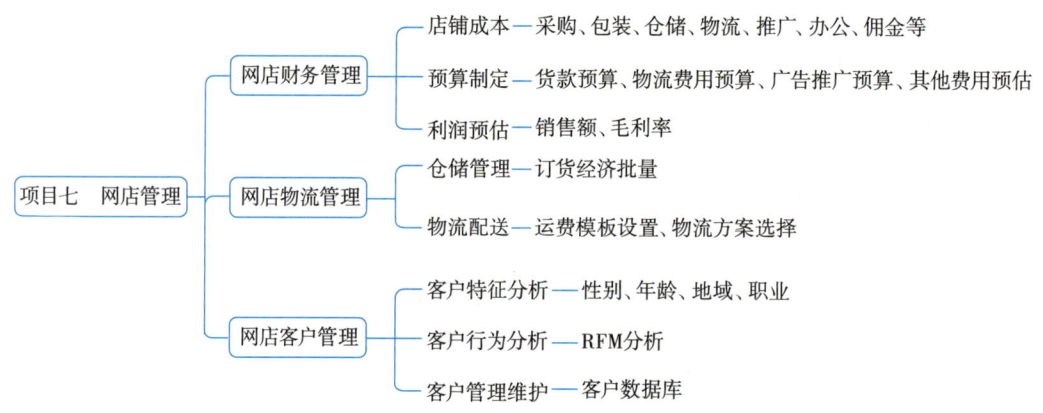

项目七测试

一、单选题

1. 中国邮政小包的包裹重量一般不超过（　　）。

A. 1千克　　　　　　B. 2千克　　　　　　C. 2.5千克　　　　　　D. 1.5千克

2. 跨境网店海运运费标准中的W/M表示（　　）。

A. 按照重量计算运费　　　　　　　　B. 按照体积计算运费

C. 重量/体积择高计收　　　　　　　　D. 按重量计收运费+按体积计算运费之和

3. 关于运费模板说法正确的是（　　）。

A. 运费模板可以应用于店铺所有宝贝　　　　B. 运费模板不能修改

C. 运费模板不能删除　　　　　　　　　　　　D. 运费模板只能应用于一个宝贝

4. 亚马逊review星级评分根据（　　）算法进行加权平均，最后得出星级数字。

A. A8　　　　　　　B. A6　　　　　　　C. A7　　　　　　　D. A9

5. 下面不属于淘宝 DSR 要素的是（　　）。

A. 提供的商品描述的准确性 B. 沟通质量及回应速度

C. 物品运送时间合理性 D. 卖家服务态度满意度

二、多选题

客户流失的原因有很多，当客户满意度下降时，客服的挽回方法包括（　　）。

A. 建立阶梯会员制度，让忠诚客户享受更高折扣

B. 为提升会员购买频率提供层级性更高的优惠政策

C. 划分商品矩阵，把利润商品更多地用于会员权益

D. 将签到有礼等营销活动和新品调整、新品上架相结合

三、判断题

1. 一般情况下，店铺维护一个老客户的成本远远低于开发一个新客户的成本。（　　）

2. 需要根据目的地、货物的重量段、货物的性质、对货物的时效要求、清关要求等选择跨境物流渠道。（　　）

3. 在计算跨境包裹的运费时，一般按照实际重量计算运费。（　　）

4. 店铺客户购买频次即客户在某一时间段内购买的次数。（　　）

5. 客服观察客户是为了更好地做销售，所以一定要促成交易。（　　）

6. 当顾客对客服的话语和服务不满意时，客服需要及时向顾客道歉，不管问题出在哪一方。（　　）

7. 店铺的客户平均停留时间反映了客户活跃度。（　　）

四、计算题

某店铺对某产品的月需求量为8000件，每件的进货成本是10元，每次订货的费用是30元。库存持有的成本是所存货物价值的30%，求经济订货批量。

项目八 经营优化

项目目标

1. 掌握商品包装选用方法和包装技巧，学会根据商品实际情况选择合适的商品包装和进行商品包装优化。
2. 掌握店铺转化率相关数据的分析方法，学会分析店铺转化率等相关数据并提出改进措施。
3. 掌握店铺运营复盘的作用和方法，学会根据复盘结果总结后期店铺运营改进措施。
4. 掌握店铺运营工作汇报的基本要点，能重点突出、简明扼要、实事求是地进行工作汇报。

任务1 经营优化之包装优化

目标要求

知识目标	1. 了解商品包装的几种主要形式和运输包装标志。 2. 掌握商品包装的选用方法和包装技巧。
技能目标	1. 学会根据商品实际情况选择合适的商品包装。 2. 学会根据不同的商品情况进行商品包装优化。
素养目标	1. 提高审美感知力、想象力和理解力。 2. 培养严谨细致、勇于探索和善于合作的工作作风。

任务内容

助农店铺已经创建并完成装修，梨膏糖、莲子等商品已经上架，各小组已经对店铺商品开展一系列促销、推广活动，本次任务是在前期基础上优化店铺的商品包装，提升店铺销量和店铺形象。

任务辅助资源

百度指数、百度统计、百度移动统计、百度风云榜、百度预测、百度问卷、问卷星、腾讯问

卷、问卷网、艾瑞调研、友盟、阿里指数、阿里巴巴（1688.com）、包装材料等。

先导任务

1. 看一看

（1）观看微课资源，学习包装基本材料类型。

①内层包装——自封袋、热缩短膜。

②中层包装——气泡膜、海绵、珍珠棉、塑料泡沫、废报纸。

③外层包装——包装袋、纸箱、纸类。

（2）观看微课资源，学习物流包装的要求和技巧。

①店铺商品包装的基本要求包括保护商品、方便运输、美观大方和信息清晰。

首先，商品包装保护商品是最重要的，要确保商品在运输过程中不会损坏或变质，包装材料要具有足够的强度和韧性，能够有效地抵抗外界的冲击和挤压。

其次，包装要方便运输。不仅要选择合适的包装尺寸和形状，以适应各种运输方式，还要考虑到便于搬运和堆放。

再次，包装的美观精美性。精美的包装可以提高商品的吸引力，激发顾客的购买欲望。包装材料要具有良好的质感和外观，同时要与商品性质和品牌形象相符合。

最后，包装上的信息要清晰明了。我们要在包装上标明商品名称、规格、数量、生产日期等重要信息，方便顾客识别和了解商品。

②易碎商品的包装技巧如下。

首先，选择适当的包装材料，如泡沫、气泡膜等，这些材料可以有效地缓冲和减少外界对商品的冲击。特别是，对于玻璃、陶瓷等易碎品，一定要使用足够的包装材料来固定和保护。

其次，包装时要将易碎品放置在箱子的中央位置，并用填充物如泡沫颗粒或气泡膜等填满箱子中的空隙，确保商品在运输过程中不会晃动或碰撞。

再次，使用分隔层将多个易碎品分隔开来，防止它们相互碰撞。

最后，包装上标明"易碎品"的字样，并提醒搬运人员小心轻放，以确保商品能够安全到达目的地。

对于特别贵重的易碎品，我们还可以考虑使用更加专业的包装方式，如木架包装或木箱包装，以提供更强的保护。总之，包装易碎品时，要选择适当的包装材料和方式，确保商品能够安全到达目的地，给顾客提供满意的购物体验。

2. 查一查

根据所学的店铺包装知识，收集本店铺及竞品店铺商品包装的基本材料和包装形式。

一、材料选择

（1）连连看游戏，将商品与适合的包装连起来。

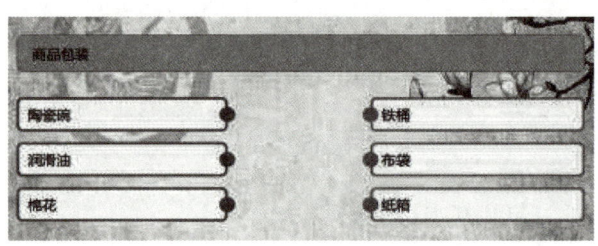

图 8.1 包装材料选择

（2）小组主题讨论，课前调查店铺商品主要有哪些包装材料，讨论后展示店铺所有可能的包装材料。

图 8.2 常用包装材料

（3）查找资料，为本店铺商品选择适合的包装材料。思考分析本店铺的产品如梨膏糖是否增设小包装以方便顾客携带。外包装适合采用哪种材料进行包装？选用材料时注意环境保护，尽量选择环保安全的材料进行产品包装。

二、标志辨别

（1）商品包装标志是用简明图形或按照有关规定制作的包装储运指示标志，说明商品在搬运、装卸、储存、运输等过程中应注意的事项。其内容包括指示标志、危险品指示标志和代号标志 3 类。要辨别商品包装标志，可以注意以下几点。

①查看包装上的图形和文字：商品包装标志通常包括图形和文字两部分。图形部分一般采用简明易懂的图案，如箭头、手掌、火焰等，表示不同的操作或危险情况。文字部分则是对图形的解释和说明，包括操作要求、危险警告等。

②理解标志的含义：不同的商品包装标志有不同的含义。例如，箭头标志通常表示搬运方向或堆放方式，手掌标志表示易碎或易损，火焰标志表示易燃或易爆等。在辨别商品包装标志时，需要理解每个标志的具体含义，以便正确操作。

③注意危险品的特殊标志：对于危险品，包装上会有特殊的标志和警告语。这些标志和警告语通常非常明显与醒目，以便引起人们的注意。在处理危险品时，必须严格遵守包装上的指示和要求，确保安全。

总之，要辨别商品包装标志，需要仔细查看包装上的图形和文字，理解每个标志的含义，并特别注意危险品的特殊标志和警告语。这样可以确保在搬运、装卸、储存、运输等过程中正确操作，保障安全。

（2）小组分工合作，查找资料，辨认各种标志的含义与用途。

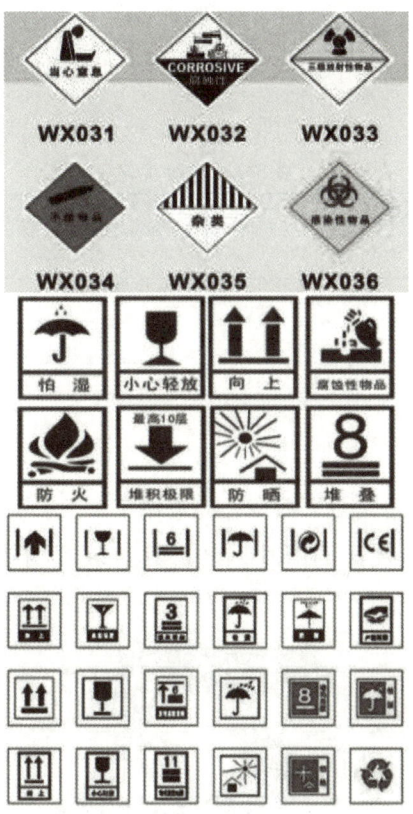

图 8.3 各种标志

三、外观优化

（1）观看案例：认真观看以下商品包装图片案例，思考可以从哪些角度优化包装。

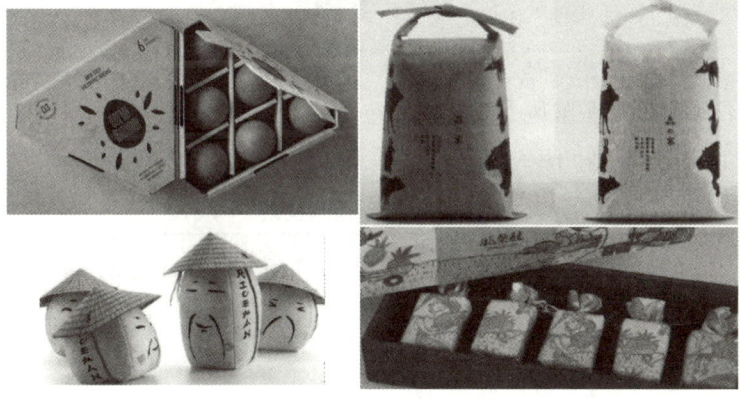

图 8.4 包装案例

（2）参考包装创意图片分析商品外观优化的思路：外形创意、信息齐全、突出产品特色等角度。

①外形优化：小组开展头脑风暴，对产品包装外观形状、形式创新，鼓励学生提出有创意的包装形式。

②信息优化：小组讨论对店铺商品包装存在的说明文字不清晰、缺乏条理的问题进行改进，加

入商品包装必备元素，如生产日期、质量安全等信息。

③特色展现：小组讨论商品包装中能体现商品特色的元素，如加入地方特色文化（如湖湘文化）、采用环保材料等。

表 8.1　包装优化

优化要素	优化措施
外形优化	
信息优化	
特色展现	

四、功效优化

（1）商品包装作用：保护商品、便于携带、促进销售。

（2）优化分析：观察以下包装案例图片，分析其包装的功效用途，思考案例中包装的可取之处。

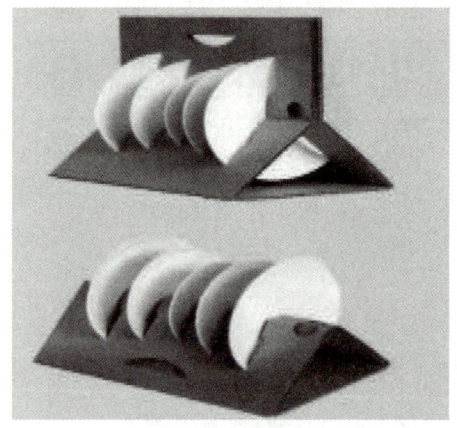

图 8.5　某商品包装

（3）功效优化：小组开展头脑风暴，对商品包装的功效性进行优化，从包装材料的选择、内外包装的配合、安全性、经济性等角度进行思考。

表 8.2　包装功效优化

优化要素	优化措施
包装材料选择	
内外包装配合	
安全性	
经济性	

五、任务评价

（1）提交本店铺包装优化措施，各小组相互评分。

（2）展示优化措施并说明理由。

项目八 经营优化 08

表8.3 任务评价

指标	标准	分值
优化措施	经济合理，优化措施经济实惠合理	20分
	具体可行，优化措施可实现、能落地	20分
	特色创新，优化措施有特色、有创意	20分
	功效齐全，包装功效齐全，能很好保护商品	20分
团队合作	分工合作，团队成员知识、能力、性格互补，职能岗位分工明确	20分

任务2 经营优化之转化优化

目标要求

知识目标	1. 了解店铺转化率相关数据的收集整理方法。 2. 掌握店铺转化率相关数据的分析方法。
技能目标	1. 学会收集、整理店铺转化率数据。 2. 学会分析店铺转化率相关数据并提出改进措施。
素养目标	1. 树立团结、协作的团队意识。 2. 培养严谨细致、勇于探索和善于合作的工作作风。

任务内容

助农店铺已经创建并完成装修，梨膏糖、莲子等商品已经上架，各小组已经对店铺商品开展一系列促销、推广活动，本次任务是在前期基础上开展店铺转化率分析。

先导任务

1. 看一看

观看微课资源，学习转化率相关数据指标。
（1）转化率相关概念及分析的4个维度。
浏览量（PV）：店铺被浏览的总页面数。
访客数（UV）：全店各页面的访问人数。

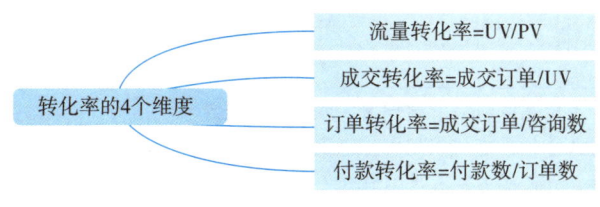

图8.6 转化率维度

（2）结合店铺数据分析做好转化率优化的步骤。
①转化率数据信息收集；
②转化率数据信息分析；

③转化优化实施措施；
④转化优化复盘改进。

2. 查一查

（1）店铺后台进入量子恒道，查看与店铺转化率有关的数据，记录相关信息及截图。

一、信息收集

（1）转化率相关数据收集。提问：促销效果数据一般包含哪些指标？包括页面浏览量、访客数、成交订单数、咨询数、付款数等。

（2）小组分工合作，登录千牛卖家中心，进入量子恒道，点击"健康日报"，查找本店铺转化率相关数据，填写促销效果采集表。

表 8.4　促销效果采集

指标	上月	本月
页面浏览量		
访客数		
成交订单数		
咨询数		
付款数		

二、流量分析

（1）店铺流量来源主要有 4 个：淘宝站外、淘宝免费流量、自主访问、淘宝付费流量。

（2）运用所学的流量分析方法，对表中数据进行分析，回答后面的问题。

表 8.5　流量分析

访问页面	浏览量	流量占比/%	访客数	页面平均停留时间/秒	出店人次	出店率/%
首页	599	27.3	111	119	297	49.5
分类页	300	13.7	72	62	159	52.9
商品页	657	29.9	166	140	202	30.7
自定义页	203	9.2	77	8	192	94.7
搜索页	337	15.3	107	72	122	36.2
其他	101	4.6	10	28	42	41.7
合计	2197		54			

①从整个店铺页面的流量占比来分析，有何问题？应怎么优化？＿＿＿＿＿
②从页面的平均停留时间来分析，有何问题？应怎么优化？＿＿＿＿＿
③从店铺的出店率来分析，有何问题？应怎么优化？＿＿＿＿＿

（3）各小组分工合作，运用 Excel 对获取的数据进行对比分析，找出本组店铺流量目前存在的问题，总结店铺流量特征。

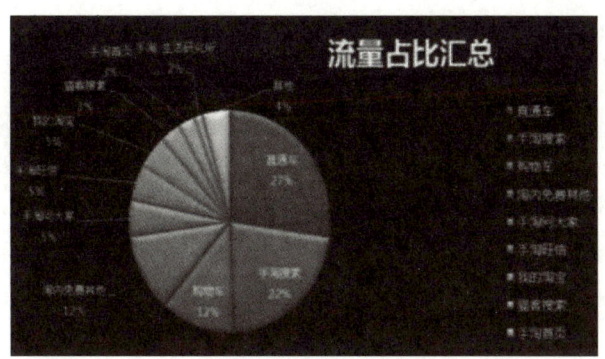

图 8.7 流量占比

三、成交分析

（1）影响店铺成交转化率的几个关键因素：视觉规划、营销活动、价格、宝贝描述。

（2）收集竞品店铺的视觉规划、营销活动、价格以及商品描述要点，与本店铺进行对比分析，找出本组店铺详情页、营销活动、主页等存在的问题，分析其对成交转化的影响。

表 8.6 存在问题分析

要素	存在问题
详情页	
营销活动	
商品价格	
商品描述	

四、转化优化

（1）提升转化率优化措施。

①提高流量转化率，尤其关注直通车的宝贝图片展示和关键词优化；

②提高成交转化率，优化商品详情页、主图，突出商品卖点，开展有效营销活动；

③提高订单转化率，增强客服服务意识，提高客服的专业技能和响应速度；

④提高付款转化率，增强客服的责任感和服务意识。

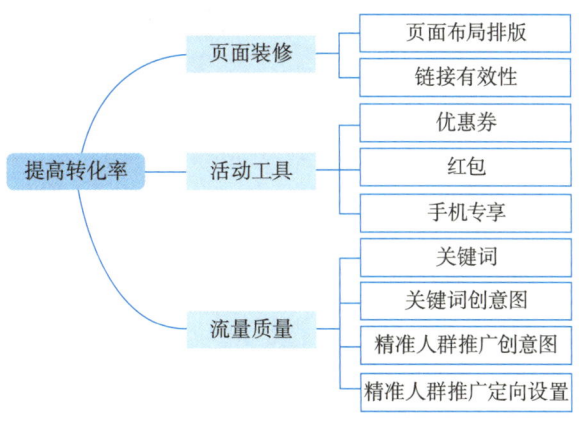

图 8.8 转化优化措施

（2）运用所学的流量分析方法，完成表8.7。

表8.7 店铺流量数据

访客来源	浏览量	访客数	订单金额/元	成交金额/元	订单支付率/%
宝贝搜索	1678	800	6498.66	4116.24	63.33
买家中心	819	728	3188.56	3066.15	96.16
淘宝活动	4689	2388	7914.50	5880.63	74.30
付费推广	600	420	2366.16	1458.16	61.60
其他页面	320	118	177.47	60.36	34.01
站外访问	789	299	79.16	30.12	38.05

①分析店铺访客来源，该店铺访客占比较高的前4名依次是什么？说说店铺流量结构如何？_____
②店铺订单支付率最高的访客类型分别是什么？（依次写出前4名）说说买家中心的访客主要包括哪些？为什么支付率最高？_____
③分析表中数据，计算宝贝搜索流量占比和访客数占比各是多少？有何优化措施？_____
④分析表中数据，计算付费推广流量占比和访客数占比各是多少？有何优化措施？_____

（3）各小组分工合作，根据以下店铺转化率检视表开展讨论，分析本组提升转化率的具体措施。

表8.8 提升店铺转化率检视

内容	作用	特点
店铺促销活动	营造促销氛围，刺激消费	活动海报、优惠券、红包等工具应用
视频展示	展示整体效果	清晰、全面、直观展示产品
产品图	展示产品全貌	正面、侧面、多角度展示产品
产品细节	近距离展示产品	呈现材质等产品细节
尺寸规格描述	帮助用户选择合适尺寸	提供参照物、商品参数参考
包装展示	展示包装给用户购物信心	产品包装特点
相关推荐或说明	增强用户黏性，提升服务水平	提供单品搭配、售后说明等
标题关键词	提升搜索权重，带来精准用户	增加转化率高、流量高关键词
广告人群精准投放	提升投放效率，带来精准用户	寻找高转化率人群特征，增加投放
商品价格		

表8.9 提升店铺转化率措施

内容	优化措施
店铺促销活动	
视频展示	
产品图	
产品细节	
尺寸规格描述	
包装展示	
相关推荐或说明	
标题关键词	
广告人群精准投放	

五、任务评价

提交本店铺提高转化率优化措施，各小组相互评分。

表 8.10 任务评价

指标	标准	分值
信息收集	详尽真实，数据收集详尽准确，资料数据真实，市场调查过程全面	20 分
流量分析	清晰准确，店铺流量来源分类清晰，存在问题分析准确	20 分
成交分析	清晰准确，店铺成交存在问题分析准确	20 分
措施设计	具体可行，推广措施具体可实现、能落地	20 分
团队合作	分工合作，团队成员知识、能力、性格互补，职能岗位分工明确	20 分

任务 3 经营优化之运营复盘

目标要求

知识目标	1. 掌握店铺运营复盘的作用和方法。 2. 掌握店铺运营复盘的流程。
技能目标	1. 学会收集、整理信息对店铺运营情况进行复盘。 2. 学会根据复盘结果总结后期店铺运营改进措施。
素养目标	1. 培养精益求精、不断反思改进的工作习惯。 2. 培养严谨细致、勇于探索和善于合作的工作作风。

任务内容

助农店铺已经创建并完成装修，梨膏糖、莲子等商品已经上架，各小组已经对店铺商品开展一系列促销、推广和管理活动，本次任务是对前期店铺运营的复盘，总结经验，反思不足。

先导任务

1. 查一查

准备店铺运营复盘的相关资料。

> 资料收集清单：
> 商品数量、商品价格、人员分工、营销活动、销售目标、经费开支、店铺收入、店铺成本

2. 学一学

（1）电视剧《后翼弃兵》中主人公通过复盘成为国际象棋冠军，店铺运营复盘的作用是总结经验、找出规律、校准方向、深化认识。

（2）复盘方法：PDCA 循环法。

（3）复盘步骤：目标回顾—叙述过程—反思剖析—总结规律。思考：复盘时应该保持什么样的状态？

一、回顾目标

（1）了解流程：店铺运营复盘的第一步是回顾目标，是让参与复盘的人心中有数，自己要讨论什么，如何评判，将现状与预期的目标进行对比。

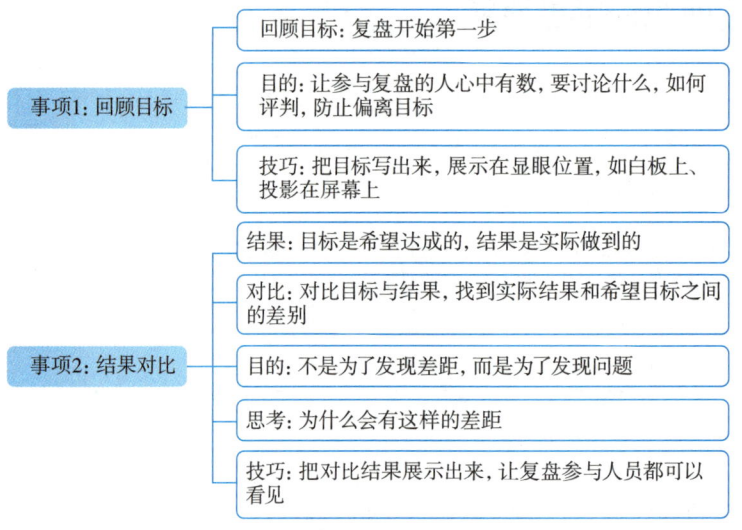

图 8.9　回顾流程

（2）小组讨论：查找课前收集资料，回顾本组销售目标、推广目标达成情况。回顾本学期店铺运营的主要工作，开网店、做推广、会经营这些基本任务的完成情况。

（3）对比分析：对比目标与现状，确定店铺运营各项任务的完成度和质量，并填写目标现状对比表。

表 8.11　目标现状对比

任务	目标	现状	完成度
网店创设			
商品发布			
网店装修			
站内推广			
站外推广			
活动推广			
网店管理			

二、叙述过程

（1）了解流程：网店运营复盘的第二步是叙述过程，让所有复盘参与人员都知道店铺运营的过程，了解运营任务，知道运营细节。

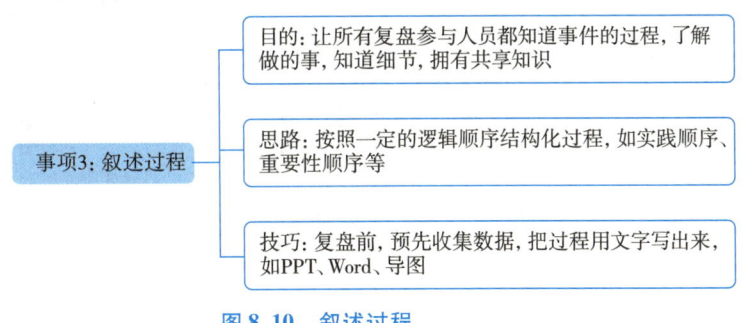

图 8.10　叙述过程

（2）叙述过程：组长叙述本学期店铺运营所做的店铺创设推广的具体工作内容，每项工作的实施过程和细节。其他小组成员根据组长讲述回忆，适时补充组长漏掉的细节。

（3）小组交流：组长叙述完成后，其他小组成员继续补充，与老师交流自己想法，找出影响结果的几个关键节点。

三、反思剖析

（1）了解流程：店铺运营复盘的第三步是反思剖析，如果结果超出目标，则主要探寻成功的关键要素；如果结果低于目标，则主要探寻失败的根本原因。

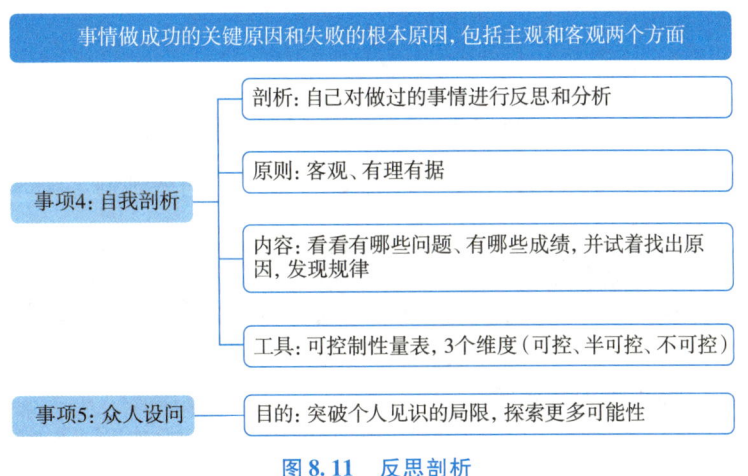

图 8.11　反思剖析

（2）头脑风暴：组长组织组内同学开展头脑风暴，采用"你问我答"的方式逐步根据运营过程和目标达成情况分析运营过程中的成绩与问题，分析成功与失败的原因。采用5Why方法"打破砂锅问到底"。

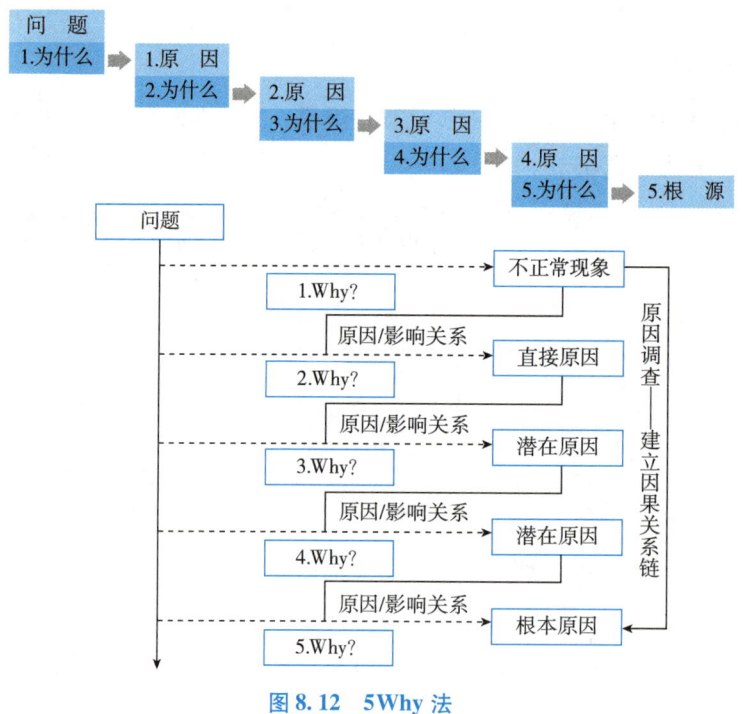

图 8.12　5Why 法

（3）小组交流：与老师交流讨论本组成功或失败的原因，并填写原因分析表。

成功根本原因：
失败根本原因：

四、总结规律

（1）了解流程：店铺运营复盘的第四步是总结规律，在分析原因的基础上，形成有的放矢的解决方案，并总结经验教训，探索规律，沉淀和迭代攻略，支持更有效地制定和达成目标。

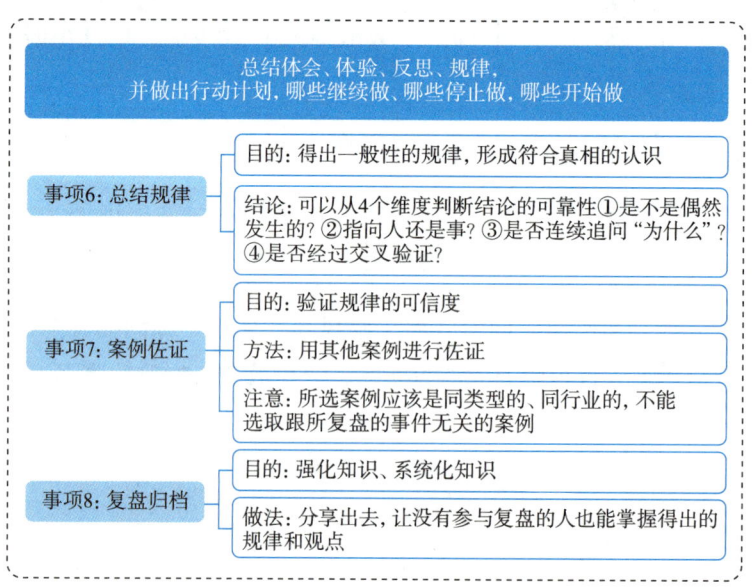

图 8.13　总结规律

（2）小组讨论：小组根据上一步原因分析，总结出现的问题是"事"的问题、"人"的问题，还是"为"的问题。只有做正确的事，选正确的人，正确地做事，才能带来正确的结果。组长组织组内同学开展讨论，结合前期的原因分析总结后期工作规律，针对"事"、"人"和"为"3种不同问题，提出具体可行的解决方案。

（3）总结汇总：总结出本组店铺运营下一步的行动计划，包括开始去做、不能再做和需要保持3个方面，并将讨论结果记录在规律总结表格。同时，注意不同类型产品的产品运营和活动推广的经验思考与提炼。与老师交流讨论本组总结的规律和解决方案，思考本组产品后期产品运营和推广要点，并填写总结规律表。

总结规律（从数据得出规律）：
经验规律（不要轻易下结论）：
行动计划：
开始去做：
不能再做：
需要保持：

五、形成报告

（1）布置任务：要求学生将复盘的内容制作成网店运营总结汇报PPT，PPT汇报主要内容包括以下几个方面。

①店铺基本情况介绍：包括店名、店招、店铺产品、目标用户、产品价格等。

②店铺装修介绍：包括店铺整体风格、色彩、店铺首页等。

③店铺推广介绍：包括店铺采用站内、站外和活动推广方式与效果。

④网店创设心得体会：包括遇到的问题困难、收获。

（2）小组分工：组长根据PPT汇报内容进行任务分工，分派任务。各成员领取任务，收集资料。分工合作，为下节课期末总结汇报做好准备。汇报PPT要求美观简洁，既有重点又有例证。

（3）PPT制作：各小组成员根据任务进行讨论，与老师交流，完成PPT制作。

六、任务评价

表8.12　任务评价

指标	标准	分值
回顾目标	有数据，有对比，目标与现状表述清晰，完成度分析准确	20分
叙述过程	有过程，有细节，过程描述具体、详细	20分
反思剖析	有原因，有分析，包括成功、失败原因，采用5Why询问法	20分
总结规律	有规律，有行动，总结了"人""事""为"3个方面规律，有行动计划	20分
团队合作	分工合作，团队成员知识、能力、性格互补，职能岗位分工明确	20分

任务 4　经营优化之运营汇报

目标要求

知识目标	1. 掌握店铺运营总结工作的基本流程。 2. 掌握店铺运营工作汇报的基本要点。
技能目标	1. 会按照总结汇报工作的基本流程进行工作汇报。 2. 能重点突出、简明扼要、实事求是地进行工作汇报。
素养目标	1. 树立至诚、至真、至臻、至卓的职业信念。 2. 培养守信、守业、守法、守规的职业操守。

任务内容

助农店铺已经创建并完成装修，梨膏糖、莲子等商品已经上架，各小组已经对店铺商品开展一系列促销、推广和管理活动，本次任务是结合前期店铺运营的复盘，汇报本学期店铺运营情况。

先导任务

1. 查一查

完成 PPT 汇报材料，提交 PPT 汇报材料，保存在汇报教室的教师机，并提前进行小组预演，检查 PPT 是否能完好播放，小组成员能否较好配合。课前准备检查，防止 PPT 播放故障和团队配合不默契。

2. 选一选

抽签确定好各组汇报顺序，确定 2 名同学承担课程汇报实录拍摄工作。做好课前顺序安排，避免课中汇报混乱。

一、汇报要求

（1）形式：PPT 讲解与现场提问相结合。

（2）时间：每组总汇报的时间是 10 分钟，其中 PPT 汇报 6 分钟，现场提问、回答 4 分钟。

（3）内容：店铺基本情况、装修介绍、店铺推广情况、创设心得体会。

（4）评价：每组汇报评价由 4 部分构成，分别是企业导师 30%、老师 30%、组间互评 20%、组内互评 20%。评价维度包括汇报内容、PPT 制作、团队合作、店铺运营、现场表现 5 个方面。

二、汇报展示

（1）观察记录：听取各小组汇报，记录各小组内容完整程度、PPT 精美程度、团队合作情况以及店铺运营状况等。思考其他组的汇报内容中有哪些是可以学习借鉴的。

（2）提出问题：针对每小组的汇报，提出问题，聆听小组成员的回答，并记录回答要点。

（3）实时评价：根据每小组汇报及回答问题情况，依次对该小组各评价维度打分。
（4）汇报展示：在本小组汇报展示时，小组成员合作讲解汇报要点，回答老师、同学所提问题。

三、总结评价

（1）听取评价：认真听取老师讲解各组表现，记录笔记。
（2）反思总结：工作汇报时根据4个"三多三少"原则，反思本组工作汇报问题及优化措施。

> 多从组织角度，少从个人角度
> 多提炼思考，少罗列事项
> 多用图形，少用文字

表 8.13　任务评价

指标	标准	分值
汇报内容	齐全完整，根据要求汇报店铺情况、装修、推广和反思4个方面	20 分
PPT 制作	详尽美观，PPT 制作精美、字体大小合适、风格与产品契合	20 分
店铺运营	业绩良好，店铺运营状态正常，各项任务完成情况较好	20 分
现场表现	简明扼要，汇报过程重点突出，层次分明，不怯场	20 分
团队合作	分工合作，团队成员知识、能力、性格互补，职能岗位分工明确	20 分

项目八小结

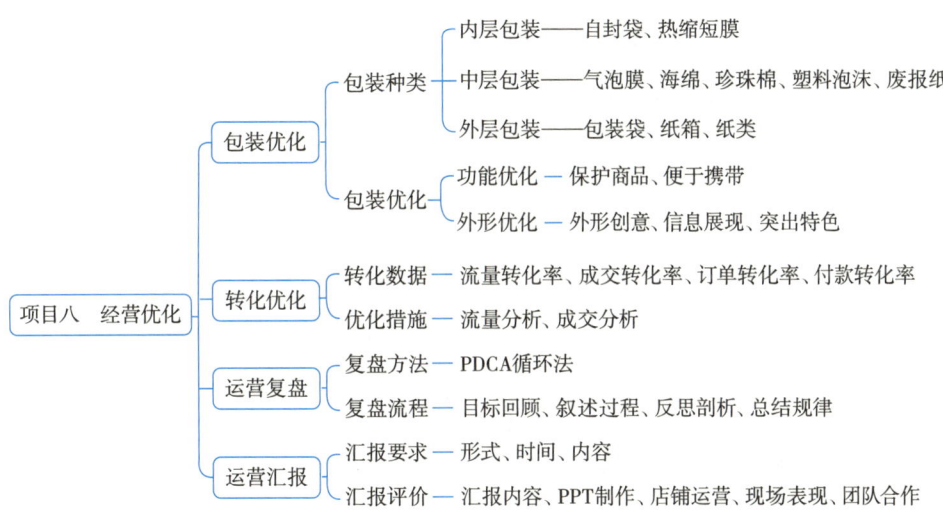

项目八测试

一、单选题

1. 转化率高，是店铺最大的流量来源产品是指（　　）。

A. 引流款　　　　　　　　　　　　B. 利润款
C. 活动款　　　　　　　　　　　　D. 形象款

2. 小店铺的新品销量不高，预算较低时进行标题优化时，应该选择以下哪种词？（　　）

　　A. 行业热词　　　　　　　　　　　　B. 核心词

　　C. 长尾词　　　　　　　　　　　　　D. 出价高的词

3. 以下哪个是店铺销售总额的计算公式？（　　）

　　A. 访客数×转化率×客单价　　　　　B. 访客数×客单价

　　C. 访客数×转化率　　　　　　　　　D. 访客数×平均访问深度

4. 以下哪种方法不适合提升客单价？（　　）

　　A. 客服引导推荐多件购买　　　　　　B. 爆款页面设置关联搭配

　　C. 设置店铺满减活动　　　　　　　　D. 单件商品立减

5. 相关性是影响搜索排名的核心因素，它主要是指网店和产品各要素与哪个要素的相关匹配程度？（　　）

　　A. 搜索关键词　　　B. DSR　　　　　C. 网页　　　　　D. 主图

6. 店铺数据统计中的PV是指（　　）。

　　A. 浏览数　　　　　B. 点击数　　　　C. 访客数　　　　D. 展示数

7. 店铺当天通过自然搜索获得UV是50，通过关键词获得UV是80，成交为13笔，以下说法正确的是（　　）。

　　A. 店铺当天转化率为10%　　　　　　B. 店铺今天一共获得80 UV

　　C. 店铺当天跳失率为10%　　　　　　D. 店铺今天PV为130

8. 以下关于点击率的说法正确的是（　　）。

　　A. 点击率是指转化次数与点击次数的比率　　B. 点击率是指转化次数与展现次数的比率

　　C. 点击率高说明直通车创意图质量高　　　　D. 点击率低说明出价低

9. CTR的含义是（　　）。

　　A. 展现量　　　　　B. 点击量　　　　C. 点击率　　　　D. 转化率

10. 成交人数等于（　　）。

　　A. 成交转化率×访客数　　　　　　　B. 成交人数×点击数

　　C. 成交人数×展现率　　　　　　　　D. 成交转化率×点击数

二、判断题

1. 店铺要尽可能降低全店的跳失率，增加店铺的有效入店人数。（　　）

2. 店铺的成交人数等于店铺访客数乘以店铺成交转化率。（　　）

3. SEO优化能提升免费流量。（　　）

4. 店铺的动态评分影响店铺权重。（　　）

5. 优化店铺的导航栏能提升店铺的访问深度。（　　）

6. 旺旺咨询率是旺旺咨询人数与访客数之比。（　　）

7. 店铺跳失率高说明网店的访客体验不好，需要优化。（　　）

8. 淘宝客推广方式具有流量高、风险小的特点。（　　）

9. 合理设置关联营销能提高店铺的客单价。（　　）

10. 优化商品详情页会提升店铺的跳失率。（　　）

11. 淘宝平台的钻石展位属于免费流量。（   ）

12. 店铺客户购买频次是指客户在某一时间段内购买的次数。（   ）

13. PV、UV 代表店铺及商品的受欢迎程度，所以这些数值越高，代表店铺及商品越受欢迎，店铺的知名度越高。（   ）

14. 用户页面停留时间短说明店铺商品详情页需要优化。（   ）